Sekundarstufe

Rudi Lütgeharm

Stationenlernen Wirbeltiere

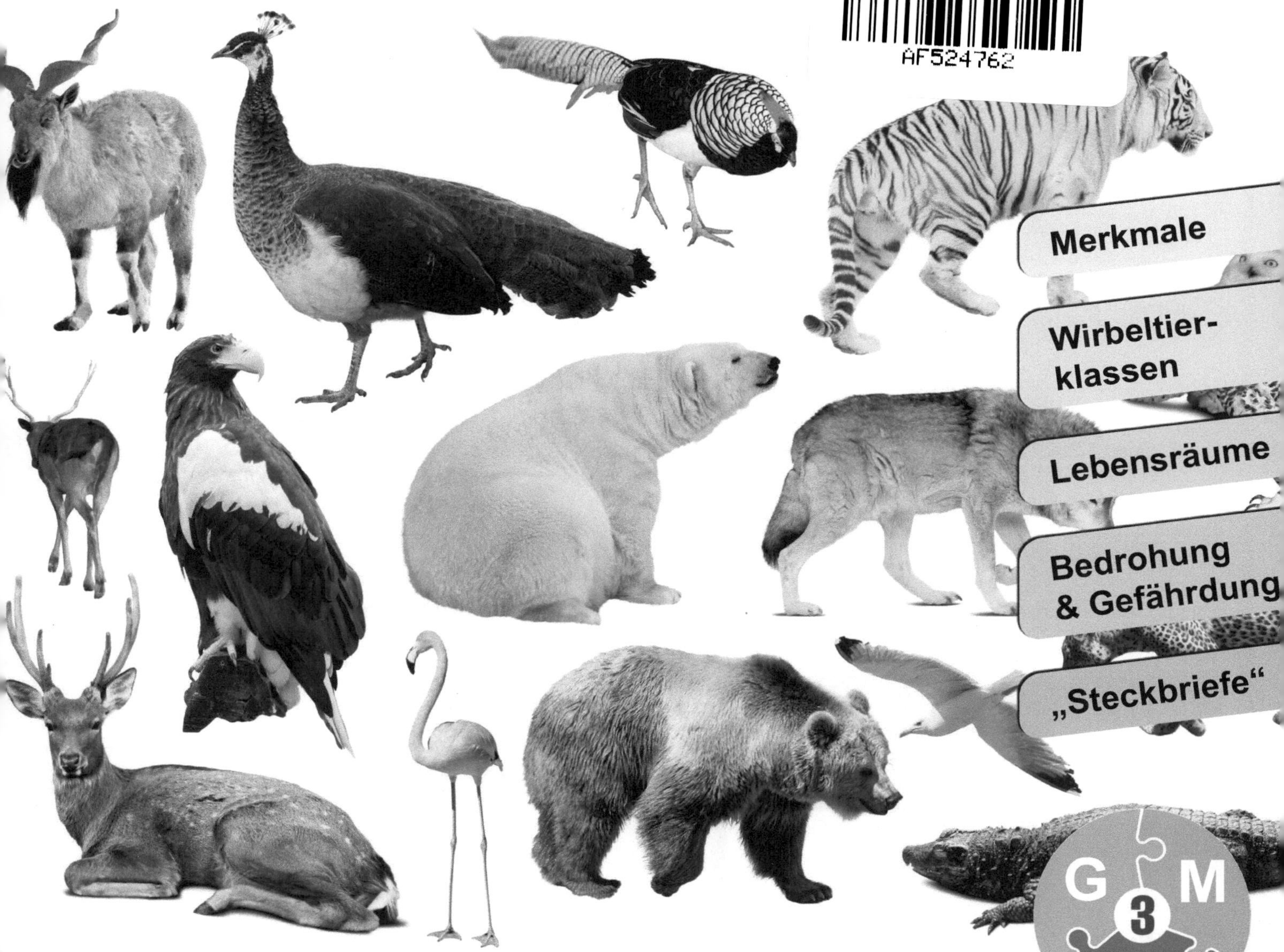

- Merkmale
- Wirbeltierklassen
- Lebensräume
- Bedrohung & Gefährdung
- „Steckbriefe“

G M 3 E

➡ Infotexte und Aufgaben

➡ Differenziert in drei Niveaustufen

➡ Ohne Vorarbeit sofort umsetzbar

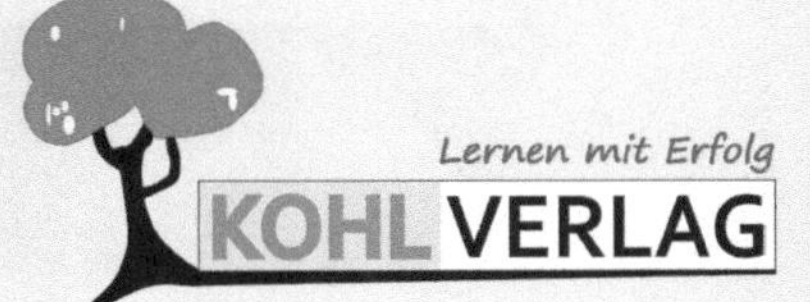

Stationenlernen Wirbeltiere

2. Auflage 2025

Inhalt: Rudi Lütgeharm
Umschlagbild: JackF – AdobeStock.com
Redaktion: Kohl-Verlag
Grafik & Satz: Kohl-Verlag
Druck: Elanders Druck, Waiblingen

Bestell-Nr. 12 931

ISBN: 978-3-98558-314-0

Bildquellen © AdobeStock.com

S.2: Africa Studio; S. 4: © Ievgen Melamud, SciePro; S. 5: © SciePro; S. 6: © Happypictures; S. 7: © La Gorda; S. 9: © blueringmedia, Massaget; S. 13-68: © Gerald_G_Parchment; S. 13: © mostwest; S. 14: © WinWin, SpicyTruffel, juerginho; S. 15: mostwest; S. 17: © Melek, SciePro; S. 18: © bekirevren; S. 19: © Klaus Brauner, creativenature.nl, Rita Priemer, Marek R. Swadzba, biggi62; S. 21: © liubomirt, Micha Trillhaase; S. 23: © Spencer, Bergfee, hfox; S. 24: © ewanew2110stock; S. 25: © SciePro; S. 26: © nicolasprimola; S. 28: © dudlajzov, Takashi, Athanassios, Tanu4869; S. 29: © Wolfgang, Schmutzler-Schaub, Fabian, Lennart, belizar, bennytrapp; S. 31: © tong2530, dinastya, ramoncarretero, IKER; S. 33: © egorka87; S. 35+36: © Cavan, Vector-Mine, Dmitry, Vink Fan, SciePro, New Africa; S. 37+38: © ondrejprosicky, hkuchera, Azahara, Jordan; S. 41+42: © ElCutter; S. 43+44: © Markus Schmid, Hunta, Jillian, Norbert, Jiri Prochazka, reisegraf, frank boyer; S. 45+46: © Klaus Brauner, hfox, Ruckszio; S. 47+48: © Karlos Lomsky, Alexander Limbach, bennytrapp, Martina Berg, Tobias Kuhl; S. 49+50: © 3drenderings; S. 51+52: © Melek; S. 53+54: © Ash, Markus Schmid, Michael, creativenature.nl, kwadrat70, Azahara, bobby310, asaf, Karin & Uwe Annas, Jillian, Lukas, phototrip.cz; S. 55+56: © FenrirArt; S. 57: © Michael Fritzen, lues01, Piotr Krzeslak; S. 59: © kerstiny, Rolf Müller, HPE, Astrid Gast; S. 60: © kerstiny; S. 61+62: © Michal, PhotographyByMK, JOSE ANTONIO; S. 63/64: © gudkovandrey; S. 65+66: roadrunner; S. 67+68: creativenature_nl, Rita Priemer, Rostislav;

Kontakt: Kohl-Verlag, An der Brennerei 37-45, 50170 Kerpen
Tel: +49 2275 331610, Mail: info@kohlverlag.de

Inhalt

Infotexte

Stationen

Stationenlernen WIRBELTIERE
Sekundarstufe – Bestell-Nr. 12 931

Vorwort und Einführung

Das Zeigen von Wirbeltierbildern und das Nennen des Themas „Wirbeltiere“ kommt meistens bei den Schülern gut an. Viele äußern sich spontan und berichten über ihre ganz persönlichen Erfahrungen, andere nennen manchmal schon typische Merkmale von Wirbeltieren.

Die Inhalte dieses Buches knüpfen an die Kenntnisse, Erfahrungen und an das Wissen der Schüler aus dem Sachunterricht der Grundschule an und behandeln ein Kernthema der Lehrpläne Biologie für die Klassen 5/6 – „Wirbeltiere“.

Obwohl die Lehrpläne der einzelnen Bundesländer variieren, ist das Thema „Wirbeltiere“ überall Bestandteil des Unterrichts in den Klassen 5 und 6.

Zu den Wirbeltieren zählen alle Tiere, die eine Wirbelsäule aus einzelnen Wirbeln besitzen. Die Wirbelsäule ist ein Teil des Innenskeletts aus Knochen.

- Wirbeltiere sind weltweit verbreitet.
- Wirbeltiere leben auf allen Kontinenten, einschließlich der Antarktis.
- Wirbeltiere leben im Meer, einschließlich der Tiefsee, in Süßgewässern, an Land, einschließlich der Hochgebirge.
- Wirbeltiere wie Vögel und Fledermäuse können fliegen, was die Ausbreitung begünstigt.
- Die meisten Wirbeltiere kommen in den tropischen Regenwäldern (Amazonasgebiet, Gebiete in Afrika und Südostasien) vor.
- Wirbeltiere werden in 5 Klassen unterteilt: Fische, Amphibien, Reptilien, Säugetiere und Vögel.

Die obige Aufzählung macht deutlich, wie umfassend und vielschichtig das Thema Wirbeltiere ist. Es ist deshalb hilfreich und sinnvoll, dass die Schüler die einzelnen Schwerpunkte dieses Themas in Form des Stationenlernens bearbeiten und vertiefen. Das Stationenlernen ist eine schülerorientierte Unterrichtsmethode, für die auch häufig Bezeichnungen wie „Lernen an Stationen“, „Stationenbetrieb“, „Lernstraße“, „Lernparcours“ und „Lernzirkel“ verwendet werden.

Um den thematischen Schwerpunkt „Wirbeltiere“ besser verstehen und einordnen zu können, ist es ratsam, sich mit ihren Merkmalen und Besonderheiten sowie ihrer Klassifizierung zu beschäftigen.

Vorwort und Einführung

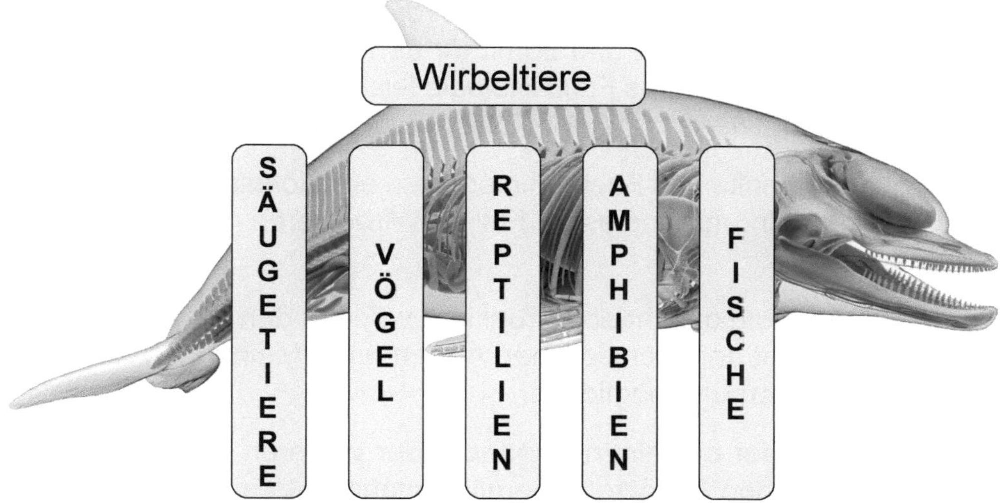

Artensterben, Lebensraumzerstörung, Brandrodungen, Waldsterben, Wilderei, illegale Jagd, Reservate, Auffangstationen für Wildtiere, Nationalparks und Naturschutzgebiete sind Begriffe, die viele Schüler in den Medien schon gehört und sich evtl. damit auch schon auseinandergesetzt haben. Diese und ähnliche Meldungen haben immer auch Auswirkungen auf die hier angesprochenen Wirbeltiere.

Dieses Buch vermittelt grundlegendes Wissen über Wirbeltiere, nennt ihre besonderen Merkmale, ihre Anpassungsfähigkeit an die jeweiligen Lebensräume und auch ihre Gefährdung durch den Menschen.

- Die vielfältigen Aufgabenstellungen in den einzelnen Kapiteln in Form des Stationenlernens vertiefen/erweitern das erworbene Wissen und berücksichtigen dabei die Lernvoraussetzungen der Schüler (Differenzierung).
- Den Schülern und Lehrkräften wird die Möglichkeit gegeben, Wirbeltiere einzuordnen und zu klassifizieren.
- Dem Lehrer (auch fachfremd unterrichtend) werden umfassende Hilfen und sofort einsetzbare Aufgaben im Umgang mit dem Thema „Wirbeltiere“ angeboten.

Dieses Buch will aber nicht nur über die Merkmale/Besonderheiten von Wirbeltieren, ihr Vorkommen auf den Kontinenten etc. informieren, sondern möchte auch über die aktuelle Gefährdung (meistens durch menschliche Eingriffe) von Wirbeltieren berichten – sowie auch über evtl. Schutzmaßnahmen.

In Deutschland gibt es ca. 418 Arten von Wirbeltieren. Rund ein Drittel aller Wirbeltiere in Deutschland sind gefährdet, darunter so bekannte Tiere wie der Feldhamster, der Kiebitz oder der Wendehals.

Viele Schüler sind an diesen Informationen stark interessiert. An ausgewählten Beispielen wird die Gefährdung und Bedrohung exemplarisch beschrieben sowie über evtl. Schutzmaßnahmen berichtet.

Viel Spaß und Erfolg beim Einsatz der Stationen sowie beim Bearbeiten und Lösen der gestellten Aufgaben wünschen das Redaktionsteam des Kohl-Verlags und

Rudi Lütgeharm

Lehrplan/Kerncurriculum 5/6
Wirbeltiere

Biologische Grundbildung ist eine wesentliche Voraussetzung für ein Verständnis von Schlüsselproblemen unserer Zeit und damit für den Anspruch auf Selbst- und Mitbestimmung in der Gesellschaft. Das Fach Biologie leistet einen Beitrag zum Verständnis des Verhaltens von Lebewesen und der Rolle des Menschen in der Natur.[1]

Häufig kann über die Inhalte des Fachs Biologie ein emotionaler Zugang zur Natur und zu Lebewesen allgemein und in diesem Fall zu Wirbeltieren ganz speziell hergestellt werden.

Die Aussage oder der Tafelanschrieb Wirbeltiere wird bei den Schülern erfahrungsgemäß zu spontanen, recht unterschiedlichen Äußerungen/Meinungen führen und einen breiten Zugang zum Thema ermöglichen.

Obwohl die Lehrpläne der einzelnen Bundesländer variieren, ist das Thema „Wirbeltiere“ mit unterschiedlichen Ansätzen überall Bestandteil des Unterrichts in den Klassen 5/6.

Übersicht über die Lernbereiche und Zeitrichtwerte[2]

Klassenstufe 5		Zeitrichtwerte
Lernbereich 1	Merkmale des Lebens	2 Ustd.
Lernbereich 2	Fische – Wirbeltiere in ihrem Lebensraum	11 Ustd.
Lernbereich 3	Lurche und Kriechtiere in ihren Lebensräumen	11 Ustd.
Lernbereich 4	Vögel – Wirbeltiere in ihrem Lebensraum	10 Ustd.
Lernbereich 5	Säugetiere – Wirbeltiere in ihren Lebensräumen	16 Ustd.

Ein Foto/eine Abbildung mit verschiedenen Wirbeltieren kann zusätzlich motivierend auf die Schüler wirken. Mi der namentlichen Benennung des jeweiligen Tieres ist man schon mitten drin im Thema.

In den folgenden Stunden werden die Vermutungen und Äußerungen der Schüler geordnet, eigenständig oder gemeinsam vertieft, „verschriftet“ und festgehalten.

Das Thema Wirbeltiere ist komplex und umfassend und kann deshalb besonders gut in Form von Stationen Schritt für Schritt mit den Schülern erarbeitet werden.

[1] Freistaat Sachsen: Staatsministerium für Kultus Lehrplan Oberschule – Biologie, S. 2
[2] Freistaat Sachsen: Staatsministerium für Kultus Lehrplan Oberschule – Biologie, S. 5

Lehrplan/Kerncurriculum 5/6
Wirbeltiere

Folgende Teileinheiten/Schwerpunkte wären u. a. denkbar:

- Wirbeltiere – Merkmale und Besonderheiten;
- Wirbeltierklassen;
- Fortpflanzung und Brutpflege;
- Atmung und Nahrung;
- Gliedmaßen und Fortbewegung;
- Anpassung der Wirbeltiere an ihre Lebensräume;
- Beispiele und Steckbriefe;
- Gefährdung der Wirbeltiere durch den Menschen.

Am Ende der Bearbeitung des Themas „Wirbeltiere“ sollten die Schüler über ein Grundwissen verfügen und in der Lage sein u. a. ...

- typische Merkmale von Wirbeltieren zu benennen/beschreiben;
- die Wirbeltierklassen zu nennen und die spezifischen Merkmale zu erläutern;
- den Körperbau von Wirbeltieren zu erläutern und zu beschreiben;
- Wirbeltiere zu erkennen und der jeweiligen Klasse zuzuordnen;
- die Fortpflanzung und Ernährung von Wirbeltieren zu erläutern;
- die Lebensweise von unterschiedlichen Wirbeltieren zu beschreiben;
- die Ursachen der Bedrohung von Wirbeltieren zu erklären und evtl. Schutzmaßnahmen zu benennen.

Tipp: viele Schüler berichten häufig über ihre eigenen Erfahrungen mit einem Wirbeltier – „ihrem Haustier“ = Hund oder Katze, evtl. auch ein Meerschweinchen. Dabei kann schon über die Merkmale, die Verhaltensweisen und über die Bedürfnisse dieser Wirbeltiere gesprochen werden.

Wirbeltiere in Afrika

Hinweise zum Einsatz des Buches

Die Inhalte und Aufgaben zu den Wirbeltieren an den einzelnen Stationen decken ein Kernthema der Lehrpläne im Fach Biologie für die Klassen 5-6 ab, sind aber auch in den Klassen 7-10 gut zur evtl. Wiederholung und Vertiefung einsetzbar.

Die Vielfalt und Praxisnähe der Aufgaben sowie die damit verbundenen Lösungswege machen ein erfolgreiches Lernen und Üben für Schüler mit unterschiedlichen Voraussetzungen möglich. Das konsequente Umsetzen der Binnendifferenzierung ermöglichen es, auch Schüler heterogener Lerngruppen zur aktiven Mitarbeit zu motivieren.

- Die hier vorgestellten Infotexte und die daraus resultierenden Aufgaben an den Stationen sind auch für fachfremd unterrichtende Lehrkräfte im Fach Biologie geeignet.
- Stationenlernen ist handlungsorientiert und fördert das selbstständige Lernen und Üben eines jeden Schülers – die Schüler sind hochmotiviert.
- Gleichzeitig werden biologische Arbeitsweisen wie z. B. das genaue Beobachten und Beschreiben angewendet und geübt.
- Das Stationenlernen kann zur Erarbeitung des Themas „Wirbeltiere“ gut eingesetzt werden, weil die Themenbereiche durch die Gestaltung der Stationen interessant und auch leistungsgerecht formuliert werden, um die angestrebten Lernziele zu erreichen.

Hinweise und Tipps zum Stationenlernen

- Die Aufgabenstellungen sind überschaubar und anschaulich (innerhalb von 20-30 min zu bearbeiten), ihre Lösbarkeit ist für den Schüler einsehbar.
- Lernfortschritte ergeben sich durch die Abfolge der Stationen. Jede Aufgabe stellt nur einen Mosaikstein (einen Ausschnitt) des Themas „Wirbeltiere“ dar.
- Kleinschrittiges Lernen ist für das Stationenlernen charakteristisch.
- Die Reihenfolge der Stationen ist in der Regel nicht verbindlich festgelegt.
- Zu jeder Station liegen die Aufgaben in schriftlicher Form vor – unter Angabe der evtl. benötigten Hilfsmittel wie Fachbücher mit Inhalten zu den Wirbeltieren, Nachschlagewerke der Biologie, Medien (Computer/Laptop) etc.
- Die Auswertung und Kontrolle der Aufgaben an der jeweiligen Station kann unmittelbar nach der Bearbeitung der Aufgaben erfolgen.
- Normalerweise bearbeitet jeder Schüler die Aufgaben an seinem Pult. Es ist aber auch möglich, in Kleingruppen (3-4 Schüler) zu arbeiten (Platzangebot berücksichtigen).
- Der Lehrer beaufsichtigt das Stationenlernen und unterstützt, wenn es erforderlich ist.

KOHL VERLAG Stationenlernen WIRBELTIERE
Sekundarstufe – Bestell-Nr. 12 931

Hinweise zum Einsatz des Buches

- Die bearbeiteten Stationen werden vom Schüler (evtl. auch vom Lehrer) auf dem Stationenlaufzettel eingetragen.
- Das Blatt mit den bearbeiteten Aufgaben heftet der Schüler in seiner Biologiemappe ab. Dadurch ergibt sich für ihn ein Gesamtbild über die bearbeiteten Themen, evtl. kann hier auch immer wieder bei Bedarf nachgeschaut werden.

„Wirbeltiere" – die Kapitel mit den thematischen Schwerpunkten:

Biologie & Zoologie – Wirbeltiere – Wirbeltierklassen – Säugetiere – Vögel – Amphibien – Fische – Reptilien – Wirbeltiere auf den Kontinenten – usw.

Lebenszyklus des Vogels

Wirbeltier Giraffe

Wirbeltiere auf allen Kontinenten

Stationenlernen WIRBELTIERE
Sekundarstufe – Bestell-Nr. 12 931

Hinweise zum Einsatz des Buches

Die einzelnen Abschnitte innerhalb eines Kapitels beginnen mit einem Infotext, um die Schüler auf das jeweilige Thema vorzubereiten und sie in die Lage zu versetzen, die anschließenden Fragen unter Einsatz des Schülerbuches, anderer Fachbücher mit Inhalten zu den Wirbeltieren, des Internets und natürlich mithilfe dieses Buches zu beantworten.

Jede Station weist anschaulich gestaltete und leicht verständliche Aufgabenstellungen auf und bietet Differenzierungsmöglichkeiten. Abbildungen, Grafiken und Skizzen sind unterstützend und wirken sich motivierend auf die Schüler aus.

Die sich unmittelbar anschließenden Lösungen an der jeweiligen Station unterstützen das selbstständige Lernen und Üben – ermöglichen dem Schüler ein sofortiges „Feedback".

- In der Regel sind die Stationen ohne große Vorarbeit im Unterricht einsetzbar.
- Die Stationen weisen keine fortlaufende Nummerierung auf, um einen flexiblen Einsatz zu ermöglichen und auch dem unterschiedlichen Vorwissen der Schüler gerecht zu werden.
- Grundsätzlich ist es ratsam, Kapitel für Kapitel mit Hilfe der Infoblätter zu erarbeiten und gleich im Anschluss die Aufgaben der jeweiligen Station zu bearbeiten.
- Die Stationen können in Einzel-, Partner- oder Kleingruppenarbeit bearbeitet werden.

Die Aufgabenstellungen bieten Möglichkeiten der Differenzierung

Innerhalb der Bereiche gibt es drei Schwierigkeitsstufen zur Differenzierung.

⊙ = grundlegendes Niveau
Die Aufgaben sollten grundsätzlich von allen Schülern bearbeitet werden.

! = mittleres Niveau
Die Aufgaben bieten zusätzliche Möglichkeiten und höhere Anforderungen.

✶ = erweitertes Niveau
Die Aufgaben sind für „Experten" und beinhalten vertiefende und weiterführende Inhalte.

Die Zuordnung zu einer Schwierigkeitsstufe beruht auf eigenen Erfahrungen, sind nur Vorschläge, die der „Lehrer vor Ort" unter Berücksichtigung seiner Gruppe/Klasse auch anders vornehmen kann.

Lösungen

Die Lösungen der Aufgaben folgen grundsätzlich immer auf der Rückseite, sodass eine Korrektur schnell erfolgen kann. Die Korrektur kann vom Schüler selbst, vom Partner, einem anderen Mitschüler oder natürlich auch vom Lehrer vorgenommen werden.

Übersicht über die Stationen

Name: ______________________________ Datum: __________

Stationen-Laufzettel

⊙ **Grundlegendes Niveau**

Station	Stationsname	erledigt	korrigiert

! Mittleres Niveau

Station	Stationsname	erledigt	korrigiert

✶ Erweitertes Niveau

Station	Stationsname	erledigt	korrigiert

Infotext

Biologie

Die Biologie

Die Biologie befasst sich mit dem „Lebendigen“. Wissenschaftler und Forscher arbeiten in verschiedenen Bereichen unserer lebendigen Umwelt, z. B. mit Pflanzen, Bakterien, Tieren und auch mit Menschen.

- Der Begriff „Biologie” setzt sich aus den altgriechischen Wörtern *bios* („Leben”) und *logos* („Lehre”) zusammen. Biologie ist die „Lehre vom Leben“.
- Genauer ist damit die Wissenschaft allen Lebens und der Lebewesen gemeint. Als klassische Naturwissenschaft beschäftigt sich die Biologie mit den chemischen und physikalischen Vorgängen im Organismus, seiner Entwicklung und den übergeordneten Gesetzmäßigkeiten.
- Und das schließt Menschen, Tiere, Pflanzen, Pilze und Bakterien mit ein!

Die Biologie kann Antworten auf viele generelle Fragen geben, darunter „Wie ist ein Lebewesen aufgebaut?” oder „Wie funktioniert das Leben?”.

Die Biologie ist eine große und umfassende Wissenschaft. Zum besseren Verständnis unterteilt man sie in verschiedene Teilgebiete und Untergebiete, z. B. <u>Anatomie</u>, Anthropologie bzw. Menschenkunde, <u>Botanik</u> bzw. Pflanzenkunde, Ethnologie (Verhalten von Menschen und Tieren), <u>Evolutionsbiologie</u>, Genetik bzw. Vererbungslehre, Mikrobiologie (Wissenschaft von Mikroorganismen), <u>Ökologie</u>, <u>Physiologie</u>, Zoologie, Zytologie bzw. Zellenlehre.

Im Folgenden werden einige dieser Teilbereiche genannt und erläutert. Die anschaulichen Abbildungen tragen zum besseren Verständnis bei und regen zu spontanen Äußerungen an. Manche dieser Teilbereiche sind den Schülern bekannt, weil sie mit ihnen in ihrem Alltag (Krankheit, Zoobesuch, Elterngespräche) schon mal zu tun hatten oder über die sie sich im Fernsehen oder im Internet informiert haben.

Unter <u>Anatomie</u> versteht man die Lehre vom Aufbau der Organismen. Sie vermittelt Einblicke in die Gestalt, die Lage, den Bau und die Beschaffenheit der Körperteile und Organe des menschlichen und tierischen Körpers. Von der Wortbedeutung her (grie. „ana tome“ = Aufschneiden) bezieht sie sich aber mehr auf den inneren Bau der Lebewesen, den man durch das Auseinanderschneiden, Sezieren und Präparieren erforscht.

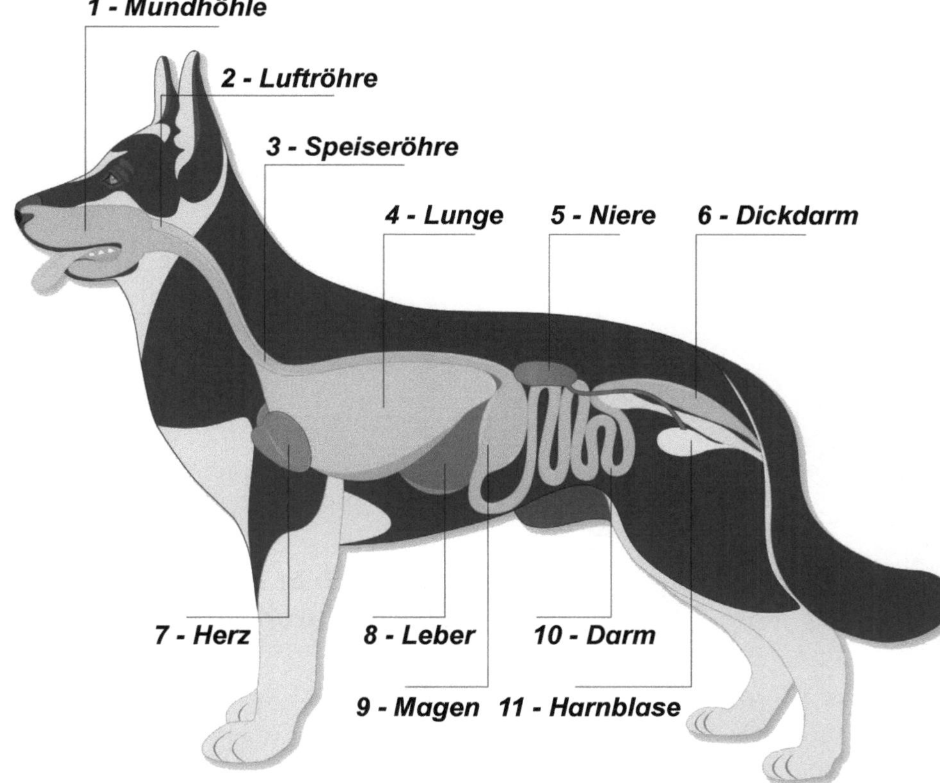

Stationenlernen WIRBELTIERE
Sekundarstufe – Bestell-Nr. 12 931
KOHL VERLAG

Die Biologie

Die Botanik (Pflanzenkunde) beschäftigt sich mit der Systematik, dem Lebenszyklus, dem Stoffwechsel, Aufbau und Wachstum von Pflanzen. Die Botanik untersucht den Bau, die Lebensweise, Verbreitung, Lebensfunktionen und Verwandtschaftsverhältnisse der Pflanzen. Auch Inhaltsstoffe für die Heilkunde und der wirtschaftliche Nutzen für die Landwirtschaft sind Teil der Pflanzenkunde. Die Botanik beschäftigt sich auch damit, wo auf der Erde welche Pflanzen wachsen und welche Voraussetzungen dafür wichtig sind (Ökologie).

Lebenszyklus der Tomatenpflanze: Samen – Spross – Blüte – Früchte

Die Evolutionsbiologie (Lehre von der allmählichen Entwicklung der Lebewesen) befasst sich mit der Entstehung und Weiterentwicklung von Lebewesen. Dazu gehören die Entstehung des Lebens sowie die Bildung, Umwandlung und Weiterentwicklung der Arten. Evolution erklärt die Veränderung der Merkmale einer Population (= Bevölkerung) über Generationen hinweg durch das sogenannte Prinzip der Selektion. Dieses Prinzip beschreibt die natürliche Auslese sowie die Weiterentwicklung durch das Überleben der jeweils bestangepassten Individuen einer Art.

Menschliche Evolution: Affe, Höhlenmensch, Büroangestellter

Die Ökologie befasst sich mit den Wechselwirkungen von Lebewesen untereinander und mit ihrer Umwelt, d. h. zwischen Lebewesen und abiotischen[1] Faktoren wie Klima, Boden, Licht, Wasser und chemischen Faktoren. Die Ökologie befasst sich mit den Wechselbeziehungen von Lebewesen miteinander und mit ihrer Umwelt.

Regenwaldgebiet im Amazonas, das kürzlich durch Brandrodung zerstört wurde

[1] Als abiotisch (griech. "nichtlebend") werden alle Umweltfaktoren zusammengefasst, an denen Lebewesen nicht erkennbar beteiligt sind.

Die Biologie

Die Physiologie (Lehre von den Lebensvorgängen) untersucht die Funktionen und Leistungen einzelner Teile eines Organismus und deren Zusammenwirken. Sie erforscht die Funktionen und Leistungen der Zellen, Gewebe und Organen. Es werden die Funktionen und Leistungen einzelner Teile eines Organismus und deren Zusammenwirken untersucht. Damit können/sollen die grundsätzlichen Zusammenhänge der Lebensvorgänge untereinander und ihre Abhängigkeit von den Umweltverhältnissen aufgeklärt werden.

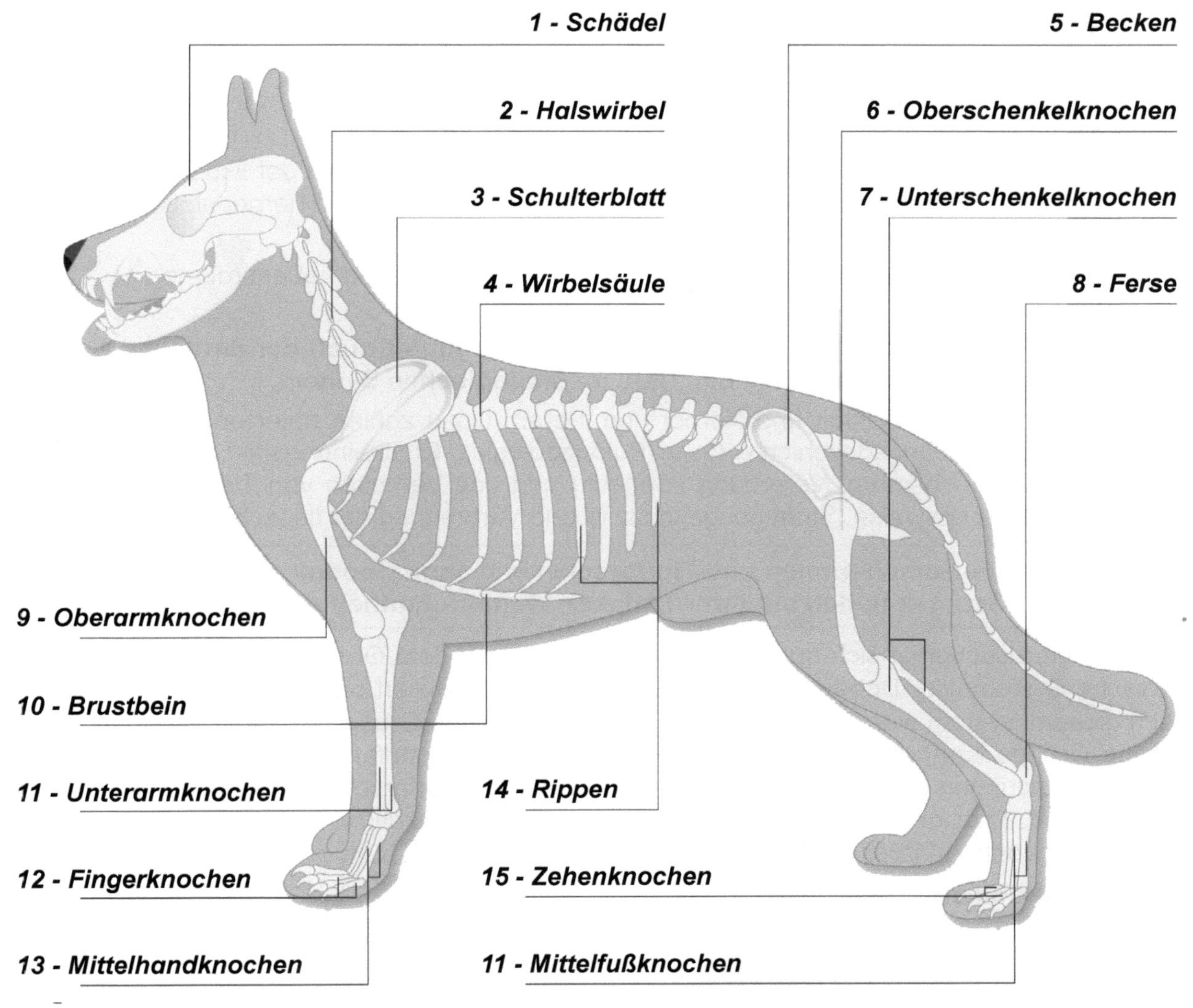

KOHL VERLAG Stationenlernen WIRBELTIERE Sekundarstufe - Bestell-Nr. 12 931

Infotext

Die Zoologie

Wie wurde eigentlich festgestellt, dass Löwen Raubtiere sind und ganz oben an der Spitze der Nahrungskette stehen oder dass ein Feuersalamander zu den Schwanzlurchen gehört? Antworten auf diese und ähnliche Fragen gibt die Zoologie, ein Teilbereich der Biologie, der sich umfassend mit den Tieren beschäftigt.

- Der Begriff „Zoologie" leitet sich von den griechischen Begriffen „zoon" für Tier und „logos" für Lehre ab.
- Zoologie ist eine Disziplin der Biologie, die sich mit Tieren befasst – vom Verhalten einzelner Tiere bis hin zu den Verbindungen zwischen den Arten.
- Zoologen erforschen die Anatomie, Physiologie und Verhaltensweisen von Tieren.
- Es besteht eine enge Beziehung zwischen der Zoologie und anderen Teilbereichen der Biologie wie Evolution, Genetik und Ökologie.
- Das Studium des Tierverhaltens (Ethnologie) ist ein wesentlicher Bestandteil der Zoologie, da es Aufschluss über die Evolution und Ökologie der Tiere geben kann.
- Die Zoologie hat dazu beigetragen, das Verhalten von Tieren besser zu verstehen – Kommunikation, Paarung und soziale Organisation.
- Die Zoologie hat uns geholfen, die Bedeutung der Artenvielfalt auf der Erde sowie die Gefahren zu verstehen, die sich aus menschlichem Verhalten für Tierpopulationen und Ökosysteme ergeben.
- Zoologische Studien helfen beim Schutz gefährdeter Arten und Lebensräume (Habitate).

Die Zoologie befasst sich mit allen Tierarten – daher lautet auch der deutsche Name Tierkunde – und der Lebensweise der Tiere im ökologischen System.

Man untersucht dabei Gestalt und Körper von Tieren. Dazu zählen unter anderem Aufbau (Anatomie), Entwicklungsgeschichte (u. a. Paläozoologie), Erscheinungsbild (Morphologie), Fortpflanzung, Lebensraum, Vererbung (Genetik) und das Verhalten von Tieren. Sie untersucht Aufbau, Lebensweise, Stammesgeschichte und Verbreitung der tierischen Organismen.

Bekannte Tierforscherinnen und Tierforscher wie Jane Goodall oder Bernhard Grzimek haben mit ihrer Tätigkeit Weltberühmtheit erlangt.

Die Zoologie beschäftigt sich auch mit der Systematik und dem Ordnen von Lebewesen (biologische Systematik). Dabei werden die Lebewesen klassifiziert und benannt (Taxonomie). Nach diesem System werden Lebewesen in unterschiedliche Gruppen (Taxa) gegliedert. Die oberste Gruppe ist eher allgemein gehalten, wobei die Rangstufen nach unten hin präziser und die Einteilungen genauer werden. Der schwedische Naturforscher Carl von Linné (1707-1778) gilt als Vater der modernen Taxonomie und Tierklassifikation. Die Klassifizierung von Tieren erfolgt anhand ihrer Merkmale und Verwandtschaftsbeziehungen.

Beispiel: Wirbeltiere (siehe auch Diagramm auf Seite 22)

Stamm	Ein Stamm enthält Spezies (Arten) mit ähnlichen Merkmalen, es gibt z. B. die Stämme **Wirbeltiere** oder **Wirbellose**.
Klasse	Jeder Stamm wird unterteilt in Klassen, der Stamm Wirbeltiere in die Klassen **Vögel, Säugetiere, Amphibien, Reptilien, Fische**.
Unterklasse	Jede Klasse wird wiederum unterteilt in Unterklassen, die Klasse Säugetiere in die Unterklassen **Plazentatiere, Beuteltiere** und **Ursäuger**.
Ordnung	Die Unterklasse Plazentatiere wird unterteilt in Ordnungen. Beispiele: **Raubtiere, Nagetiere, Huftiere, Primaten** … (insgesamt 20 Ordnungen)
Unterordnung	Die Ordnung Raubtiere wird unterteilt in die Unterordnungen **Katzenartige** und **Hundeartige**.
Familie	Die Unterordnung Katzenartige wird unterteilt in Familien. Beispiele: **Katzen, Hyänen** …

Die Wirbeltiere

Wirbeltiere (Vertebrata, dt. Vertebraten) sind Chordatiere[1] mit einer Wirbelsäule. Manche Wissenschaftler bezeichnen sie auch als Schädeltiere (Craniata), weil ihr Kopf durch einen knöchernen Schädel geschützt wird. Zu den Wirbeltieren gehören die 5 großen Tierklassen: Säugetiere, Vögel, Fische, Amphibien und Reptilien). Das gemeinsame Kennzeichen aller Wirbeltiere ist das knöcherne Skelett mit der Wirbelsäule. Der Grundaufbau einer Wirbelsäule ist immer gleich (= Wirbel + Knorpelscheiben). Außerdem zeichnen sich Wirbeltiere durch ein geschütztes Gehirn und hochentwickelte Sinnesorgane aus. Tiere, die keine Wirbelsäule haben, nennt man „Wirbellose“.

Zu den Wirbeltieren zählen alle Tiere, die eine Wirbelsäule aus einzelnen Wirbeln besitzen.

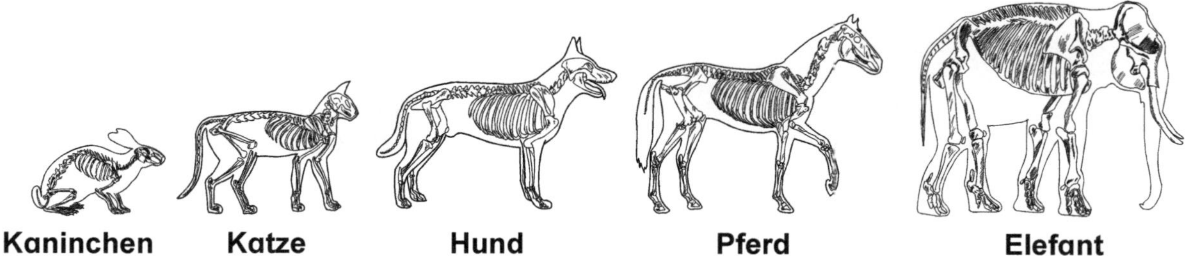

Die Wirbelsäule ist immer gleich (= Wirbel + Knorpelscheiben). Außerdem zeichnen sich Wirbeltiere durch ein geschütztes Gehirn und hochentwickelte Sinnesorgane aus. Tiere, die keine Wirbelsäule haben, nennt man „Wirbellose“.

Das Skelett der Wirbeltiere gliedert sich meist in Schädel, Rumpfskelett, Wirbelsäule, Schwanz und 2 Paar Gliedmaßen.

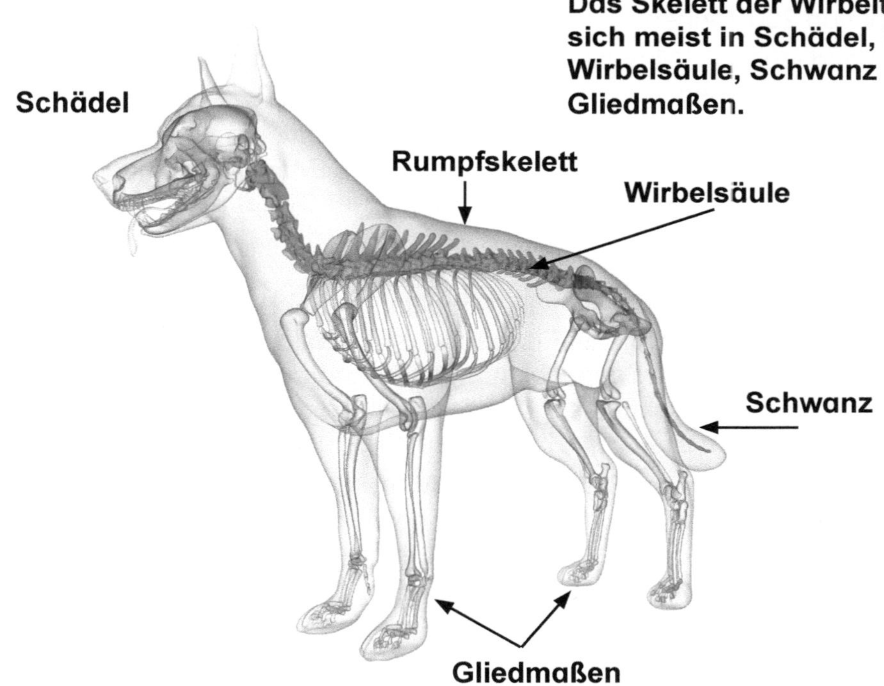

Weitere wichtige Merkmale

- Wirbeltiere pflanzen sich durch Eier fort oder gebären lebende Junge;
- die Atmung erfolgt mithilfe von Lungen oder Kiemen;
- das geschlossene Blutgefäßsystem wird durch ein Herz angetrieben; das Zentralnervensystem besteht aus Gehirn und Rückenmark.

[1] Die Chordatiere sind ein Stamm des Tierreichs. Zu den Chordatieren gehören die 3 Unterstämme „Wirbeltiere“, „Schädellose“ und „Manteltiere“.

Stationenlernen WIRBELTIERE
Sekundarstufe – Bestell-Nr. 12 931

Infotext

Die Wirbeltiere

Wirbeltiere leben im Wasser, auf dem Land und in der Luft.
Fische können nur im Wasser leben, die Amphibien leben auf dem Land in Wassernähe, die Reptilien leben auf dem Land (auch trockene Gebiete), die Vögel und die Säugetiere haben alle Lebensräume – Luft, Land und Wasser – erobert. Vögel und Fledermäuse verfügen über die Fähigkeit zum aktiven Flug, was die Ausbreitung begünstigt.

Der Grönlandwal kann bis zu 200 Jahre alt werden und lebt in Familienschulen.

Wirbeltiere sind weltweit verbreitet.

- Sie leben auf allen Kontinenten einschließlich der Antarktis, im Meer bis in die Tiefsee, in Süßgewässern und an Land.
- Jede Wirbeltiergruppe kommt in großer Vielfalt vor.
- Heute gibt es über 70.000 Wirbeltierarten, mehr als die Hälfte davon sind Fische.

- Wirbeltiere sind insgesamt betrachtet deutlich größer als wirbellose Tiere. Die meisten wirbellosen Tiere werden nur wenige Zentimeter groß, sehr häufig werden die Größen in Milimetern angegeben. Wirbeltiere von wenigen Zentimetern Größe gehören dagegen immer zu den kleinsten Arten ihres Taxons[1].
- Das größte Wirbeltier ist der Blauwal mit einer Maximallänge von 33 m und einem Maximalgewicht von 200 Tonnen.
- Das größte an Land lebende Wirbeltier ist der Afrikanische Steppenelefant mit einem Maximalgewicht von 7 Tonnen.
- Voraussetzungen für diese Größenzunahme bei den Wirbeltieren waren ihr einzigartiges, aus Knochen und Knorpel bestehendes Innenskelett, die Entwicklung einer sehr leistungsfähigen Muskulatur und das geschlossene Herz-Kreislauf-System.

Wirbeltiere in Deutschland
In Deutschland leben ungefähr 418 Arten von Wirbeltieren. Bei den Vögeln wurden nur die in Deutschland brütenden Arten gezählt, bei Fischen und Säugetieren wurden nur Arten gezählt, die überwiegend wirklich innerhalb Deutschlands leben und nicht nur an deutschen Küsten. Besonders artenreich unter Deutschlands Wirbeltieren sind die Vögel – diese machen nämlich 55 % aller Arten aus. Nur 22 % aller Wirbeltierarten sind Säugetiere.

Das Verhindern des Aussterbens von Arten und die Wiederansiedlung leider schon in Deutschland ausgestorbener Arten konnte man nur zu einem gewissen Teil verwirklichen. Daher sollten unbedingt mehr Bemühungen von staatlicher Seite unternommen werden, z. B. mehr Naturschutzgebiete sowie Nationalparks ausgewiesen werden.

Zur Information über die Bedrohung von Wirbeltierarten

Rote Liste: Ein Drittel aller Wirbeltierarten in Deutschland bedroht – Naturschutzmaßnahmen zeigen erste Erfolge bei Säugetieren, Brutvögeln und Süßwasserfischen

(„https://www.scinexx.de/news/geowissen/rote-liste-ein-drittel-aller-wirbeltierarten-in-deutschland-bedroht/")

[1] Taxon (von altgrie. táxis = Ordnung, Rang) bezeichnet in der Systematik der Biologie eine Einheit, der entsprechend bestimmter Kriterien eine Gruppe von Lebewesen zugeordnet wird.

Infotext

Wirbeltierklassen

Die fünf Klassen der Wirbeltiere

Zu den Wirbeltieren zählen alle Tiere, die eine Wirbelsäule aus einzelnen Wirbeln besitzen. Die Wirbelsäule ist ein Teil des Innenskeletts aus Knochen.

Wirbeltiere werden in 5 Klassen unterteilt: Säugetiere, Vögel, Fische, Amphibien, Reptilien.

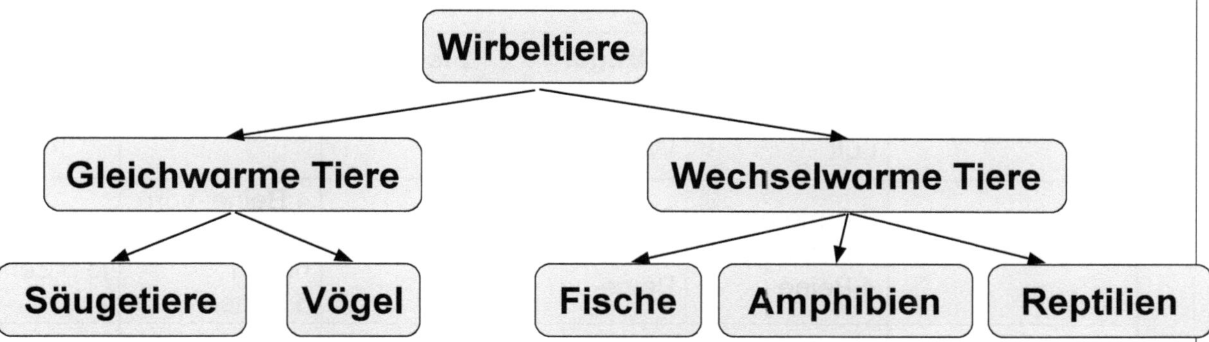

Säugetiere und Vögel sind **gleichwarme Tiere**. Sie haben immer die gleiche Körpertemperatur (außer wenn sie krank sind).

Fische, Amphibien und Reptilien sind **wechselwarme Tiere**. Sie haben eine wechselnde Körpertemperatur – je nach Umgebungstemperatur.

Wirbeltiere

Säugetiere bringen lebende Junge zur Welt, die vom Muttertier gesäugt werden. Sie leben auf dem Land, im Wasser und vereinzelt auch in der Luft.

Vögel haben einen spindelförmigen Körper (Kopf, Rumpf, Schwanz). Man unterteilt sie u. a. in Sing-, Hühner-, Greif-, Enten-, Sperlings- und Eulenvögel.

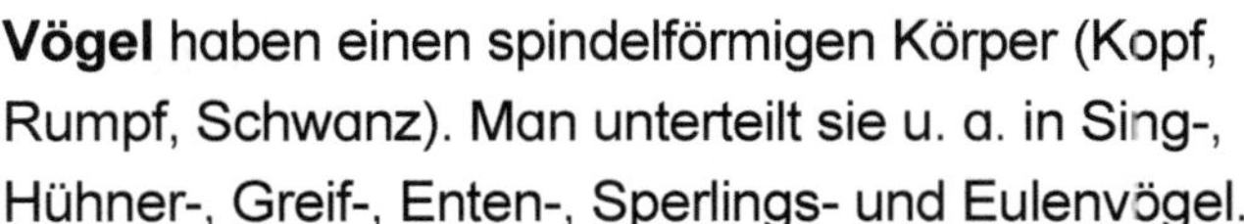

Fische sind die älteste und artenreichste Wirbeltiergruppe. Heute leben mehr als 20.000 verschiedene Arten in unseren Bächen, Flüssen und Meeren.

Frösche, Molche und Salamander sind die bekanntesten **Amphibien**. In der deutschen Sprache nennt man sie auch Lurche.

Zu den **Reptilien**, die auch als Kriechtiere bezeichnet werden, gehören u. a. Echsen, Schlangen, Schildkröten und Krokodile.

- Jede Wirbeltierklasse hat spezifische Merkmale, wodurch sie sich bereits äußerlich deutlich von den anderen Klassen ihres Stamms unterscheidet und abgrenzt.
- Jede der genannten Wirbeltierklassen kommt in einer großen Vielfalt vor, wobei alle Angehörigen der Klasse durch eine ganze Gruppe gemeinsamer Merkmale gekennzeichnet sind.

KOHL VERLAG
Stationenlernen WIRBELTIERE
Sekundarstufe – Bestell-Nr. 12 931

Infotext

Wirbeltiere in der Übersicht und im Vergleich

Ein Wirbeltier ist ein Tier mit einem Rückgrat (= Wirbelsäule). Wirbeltiere unterscheiden sich deutlich in ihren Merkmalen, z. B. im Körperbau und in ihrer Lebensweise, sie weisen aber auch einige Gemeinsamkeiten auf.

Die folgende Übersicht soll das „auf einen Blick" veranschaulichen.

	Säugetiere	Vögel	Fische	Amphibien	Reptilien
Lebensraum	Land/Wasser/ Luft	Luft/Land/ Wasser	Wasser	Land/Wasser	Land
Gliedmaßen	2 Arme und 2 Beine oder 4 Beine	2 Flügel und 2 Beine	Flossen	4 Beine, vorn 4 Finger, hinten 5 Zehen	4 Beine mit je 5 Zehen
Atmung	Lunge	Lunge	Kiemen	Kiemen bei Larven, Lunge beim erwachsenen Tier	Lunge
Körperbedeckung	Haare	Federn	Schuppen, schleimig	schleimig, feucht mit Drüsen	Hornschuppen, trocken
Körpertemperatur	gleichwarm	gleichwarm	wechselwarm	wechselwarm	wechselwarm
Fortpflanzung	lebend gebärend	Eier	Eier – wenige lebend gebärend	Eier bzw. Laich	Eier – wenige lebend gebärend

Wirbeltiere im Vergleich – Star (Vogel) und Braunbär (Säugetier)

Name	**Star**	**Braunbär**
Größe	18-22 cm	bis zu 2,6 m
Gewicht	60-90 g	400-800 kg
Alter/Lebenszeit	2-3 Jahre	20-30 Jahre
Nahrung	Insekten, Spinnen, Beeren, Samen, Schnecken, Obst	Beeren, Blätter, Fische, Gräser, Insekten, Nagetiere
Brutzeit/Tragzeit	12-14 Tage	7-8 Monate
Wurfgröße/Jungtiere	5-6 Eier	1-3 Jungtiere
Sozialverhalten	Schwarmtier	Einzelgänger
Lebensraum	unspezifisch	Laub- und Nadelwälder
Verbreitung	Europa, Asien, Nordamerika	Nordamerika, Eurasien

Infotext

Säugetiere haben ein Skelett wie alle Wirbeltiere

Säugetiere sind Landwirbeltiere

Die **Säugetiere** (Mammalia) sind eine Klasse des Stammes Wirbeltiere. Die Säugetiere zählen zu den Landwirbeltieren. Als Landwirbeltiere (Tetrapoda) bezeichnet man die Wirbeltiere, die über 4 (grie. = *tetra*) Füße (grie. = *podes*) verfügen. Dazu zählen neben den Säugetieren die Amphibien (*Amphibia*), die Reptilien (*Reptilia*) und die Vögel (*Aves*). Hier ist die Besonderheit zu beachten, dass sich die vorderen Füße bei den Vögeln zu Flügeln und beim Menschen zu Armen mit Händen evolutionär gewandelt haben.

Den Begriff „Säugetiere" kann man von „säugen" und „Tier" ableiten. Ein kennzeichnendes Merkmal ist das Säugen des Nachwuchses mit Milch, die in den Milchdrüsen des Muttertieres erzeugt wird. Daher bezeichnet man in der Wissenschaft die Säugetierklasse auch als Mammalia (lat. *mamma = Brust*).

Säugetiere haben ein Skelett wie alle Wirbeltiere. Das Skelett besteht aus Schädel, Wirbelsäule, Schulter- und Beckengürtel, Knochen der Vorder- und Hinterbeine. In diesem Grundaufbau des Skeletts stimmen alle Säugetiere überein.

Säugetiere weisen u. a. folgende Merkmale auf:

- Säugetiere haben ein Fell aus Haaren. Dabei kann die Haut mit bis zu 400 Haaren pro cm² besetzt sein. Ist die Behaarung noch stärker, spricht man von Pelz.
- Säugetiere haben eine gleichbleibende Körpertemperatur von ca. 37 °C – im Sommer wie im Winter.
- Säugetiere gebären lebendige Junge und säugen ihre Jungen nach der Geburt.
- Säugetiere sind Lungenatmer, d. h. sie haben zwei Lungenflügel.
- Fast alle Säugetiere sind Vierbeiner.
- Das Verhalten von Säugetieren ist umfassend und flexibel, einige Gruppen zeigen wkomplexe soziale Gefüge.

Woran bzw. wie erkennt man ein Säugetier?

- Hat das Tier Euter oder Zitzen?
- Bringt das Tier lebendige Junge zur Welt?
- Wird der Nachwuchs gesäugt, d. h. mit Muttermilch versorgt?

Wird eine dieser Fragen mit „Ja" beantwortet, dann handelt es sich um ein Säugetier.

Kleiner Elefant trinkt bei der Mutter.

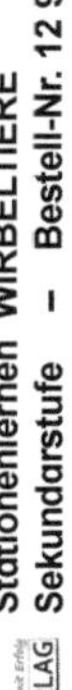

Säugetiere sind Landwirbeltiere

Infotext

Säugetiere haben ein Skelett wie alle Wirbeltiere

Säugetiere leben an Land (auf der Erde), unter der Erde, im Wasser und in der Luft: in Wüsten – in Wäldern – in den Tropen – in den Polarregionen. Die meisten Säugetierarten sind Landbewohner. Einige Säugetiere haben aber auch andere Lebensräume erobert. Fledermäuse sind geschickte nächtliche Flieger, Wale und Seekühe leben vollständig im Wasser. Säugetiere sind auf allen Kontinenten zu finden.

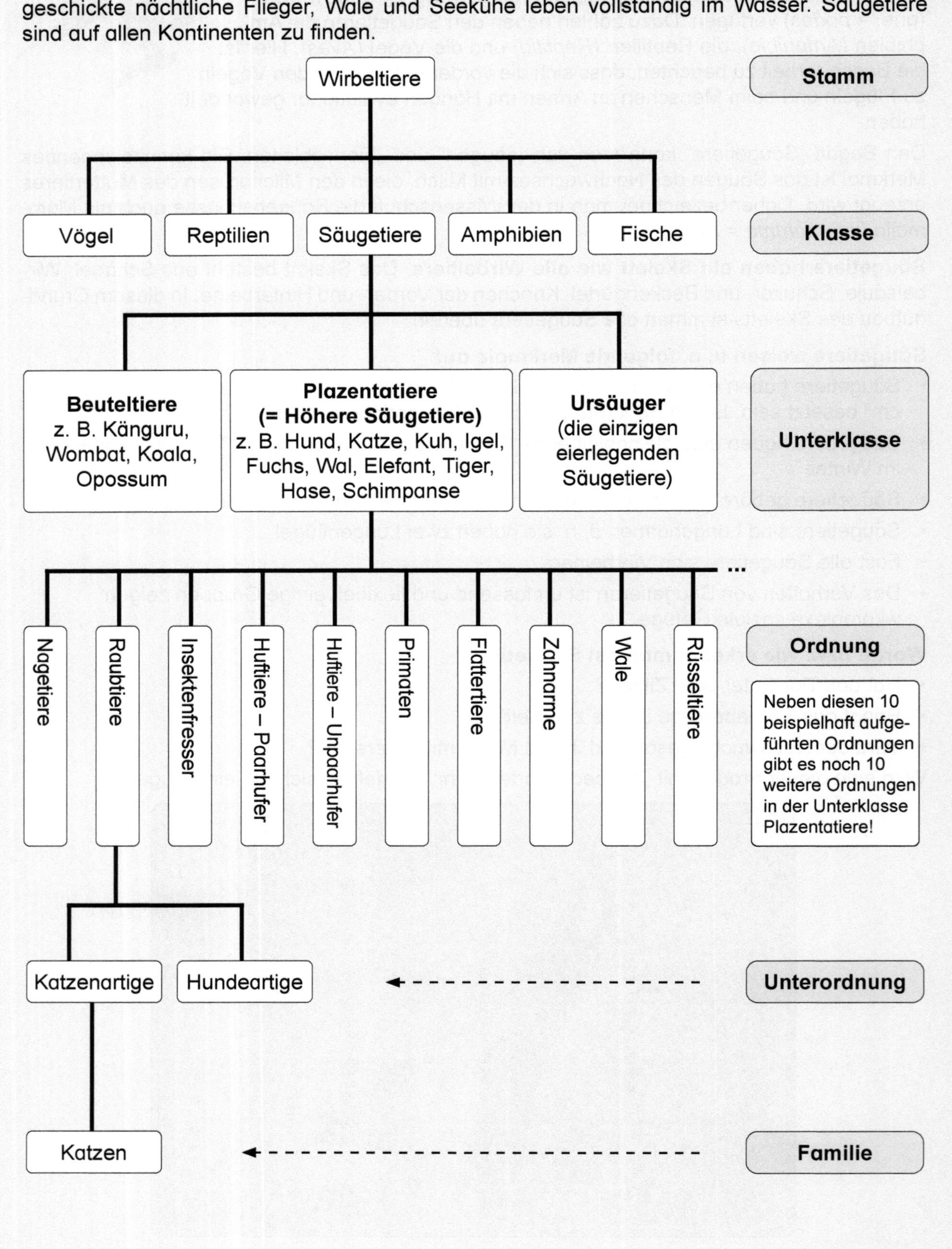

Infotext

Vögel

Ein **Vogel** (lat. = *aves*) ist ein zweifüßiges, warmblütiges Wirbeltier der Klasse „Vögel“, das Eier legt und Flügel hat, die die meisten Arten zum Fliegen befähigen. Aber nicht alle Vögel können fliegen: Der Pinguin kann besser schwimmen, Strauße können sehr schnell laufen.

Vögel haben einen spindelförmigen Körper, der sich in Kopf, Rumpf und Schwanz gliedert. Die Beine der Vögel sind von Hautschuppen bedeckt. Vögel haben einen besonderen Kehlkopf zum Singen und können sehr gut sehen und hören. Vögel besitzen ein Federkleid, das aus unterschiedlichen Federarten besteht: Daunen, Deckfedern, Schwungfedern und Schwanzfedern.

Vögel sind fast überall auf der Welt zu finden, wobei sich jede Vogelart an bestimmte Lebensräume angepasst hat. Manche Vögel wie die Kohlmeise und die Drossel überwintern in unseren Breiten – sie werden Standvögel genannt –, andere Arten wie der Kranich oder der Weißstorch fliegen im Herbst in wärmere Länder, um dort zu überwintern und im Frühjahr zurückzukehren – man spricht dann von Zugvögeln. Die Klasse der Vögel umfasst aktuell ca. 11.000 Arten auf den 7 Kontinenten, die meisten von ihnen leben in den Tropen. Die artenreichste Region ist die Neotropis (s. Abb.) mit rund 3370 Arten, das sind 36 % der landbewohnenden Vogelarten.

Die meisten inselbewohnenden Vögel gibt es mit ca. 660 Arten in Australasien (s. Abb.).

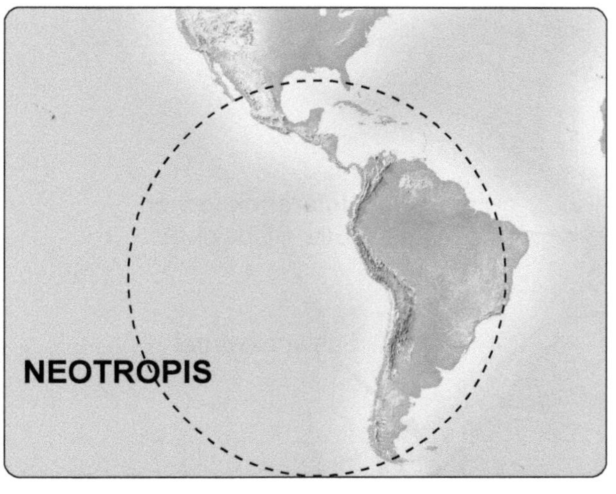

AUSTRALASIEN

Neotropis ist ein Begriff aus der Tier- und Pflanzengeographie. Er umfasst Südamerika, Mittelamerika, die „Westindischen Inseln“, den südlichen Teil von Mexiko sowie die Südspitze Floridas.

Australasien (= südlich von Asien) bezeichnet im weitesten Sinne die Region um Australien, Neuseeland, Neuguinea und die umliegenden Inseln Melanesiens, gelegentlich auch Teile Indonesiens.

Vögel sind fliegende Wirbeltiere

Im Vergleich zu anderen Wirbeltieren ist das Skelett der Vögel besonders leicht, da einige Knochen (Röhrenknochen) hohl und mit Luft gefüllt sind. Das geringe Körpergewicht erleichtert den Vögeln das Fliegen und stellt eine wichtige Angepasstheit an das Leben in der Luft dar.

Die Blaumeise wiegt gerade mal 9 Gramm.

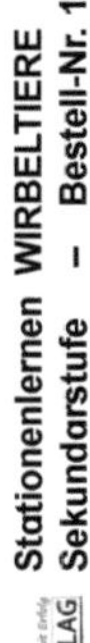

Infotext

Vögel

Vögel sind fliegende Wirbeltiere

- Vögel haben genau wie die anderen Wirbeltiere ein Knochenskelett. Die äußere Körpergliederung in Kopf, Rumpf und Gliedmaßen ist auch bei den Vögeln sichtbar. Viele Teile des Vogelskeletts entsprechen denen des Skeletts anderer Wirbeltiere – und zwar: Schädel, Halswirbel, Brustkorb, Oberarm und Unterarm (Elle und Speiche), Ober- und Unterschenkelknochen etc.
- Auffällig ist das Brustbein mit dem Brustbeinkamm: Ein großer dreieckförmiger Knochen. Am Brustbein sind große Muskeln befestigt, die eine schnelle und ausdauernde Flügelbewegung ermöglichen.
- Der Hals von Vögeln ist sehr beweglich und besteht meistens aus 14-15 Halswirbeln.
- Das versteifte Rumpfskelett bildet eine feste Einheit, d. h. alle Wirbel von der Brust bis zum Schwanz sind miteinander verwachsen. Dadurch können die Vögel während des Fluges die richtige Körperhaltung bewahren. Auch die Rippen sind mit dem Brustbein fest verbunden.
- Das so wichtige Flügelskelett besteht aus dem Oberarm- und Unterarmknochen (Elle und Speiche) und dem Handbereich.
- Die Beine bestehen aus dem Oberschenkel- und Unterschenkelknochen und den Zehen, wobei der erste Zeh nach hinten zeigt und die Vorderzehen nach vorn gerichtet sind.

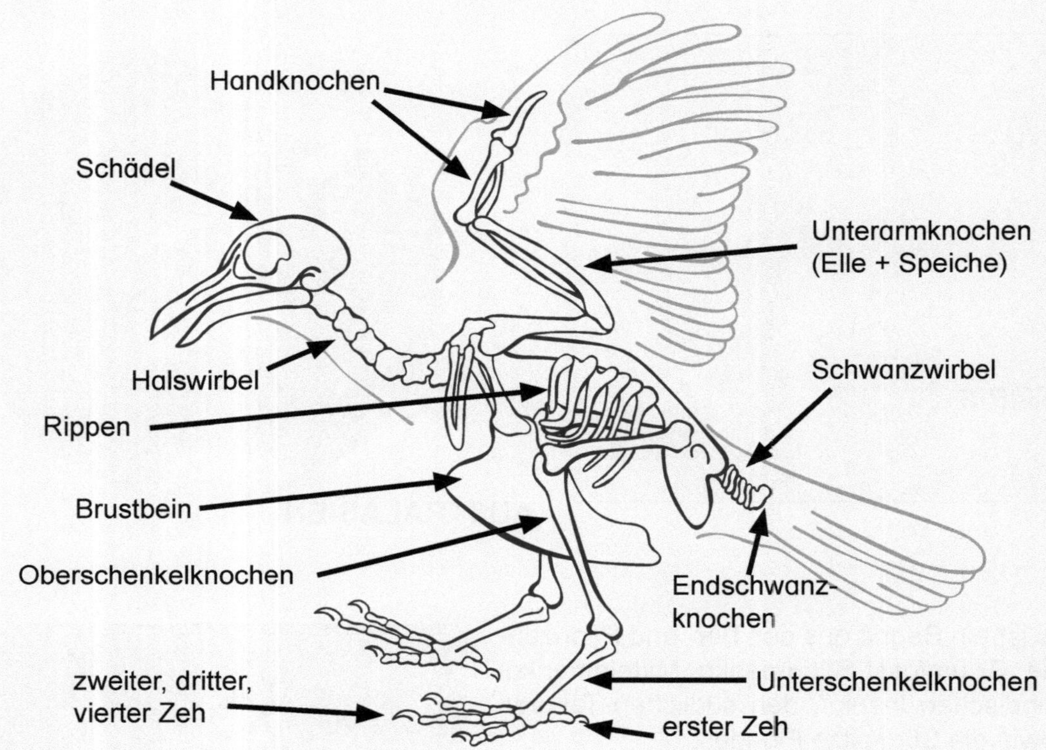

Weitere wichtige Merkmale von Vögeln

- Vögel haben einen Schnabel ohne Zähne. Sie können also ihre Nahrung nicht zerkauen.
- Vögel haben ein Flügelpaar, das ihnen das Fliegen ermöglicht. Die vorderen Gliedmaßen der Vögel sind zu Flügeln umgebildet.
- Vögel bauen Nester und legen Eier, die so lange bebrütet werden, bis die Jungen ausschlüpfen.
- Manche Vögel (Sperling) fressen Würmer, Spinnen, Fliegen und Schnecken. Andere Vögel (Drossel) fressen Samen und Früchte.
- Vögel sind gleichwarme Tiere, d. h. sie haben immer eine gleichbleibende Körpertemperatur von etwa 42 °C, egal wie warm oder kalt es ist.

Infotext

Amphibien oder Lurche

Amphibien sind kriechende oder hüpfende Wirbeltiere

Amphibien oder Lurche sind die stammesgeschichtlich älteste Klasse der Landwirbeltiere (Tetrapoda). Das Wort „Amphibie“ stammt vom griechischen „amphibios“, das man mit „doppellebig“ übersetzen kann, da sich ihr Leben im Wasser und auf dem Land abspielt. **Amphibien** sind eine Klasse der Wirbeltiere, d. h. es sind Tiere , die eine Wirbelsäule haben wie die Säugetiere, Vögel, Reptilien und Fische. In der deutschen Sprache nennt man sie auch Lurche. Frösche, Molche und Salamander sind die bekanntesten Amphibien.

Amphibien sind Wirbeltiere

Froschlurche Frösche, Kröten und Unken	**Schwanzlurche** Salamander und Molche	**Schleichenlurche** (= Blindwühlen)
Zu den Froschlurchen zählen alle Frosch- und Krötenarten. Die Jungtiere (Kaulquappen) besitzen alle einen Schwanz, der sich während der Metamorphose zurückbildet.	Schwanzlurche sind den meisten unter den Namen Molche oder Salamander bekannt. Diese Tiere haben einen länglichen Körperbau und einen Schwanz, den sie ihr gesamtes Leben behalten.	Schleichenlurche werden auch als Blindwühlen bezeichnet. Sie kommen in den Tropen und Subtropen Südostasiens, Afrikas sowie Mittel- und Südamerikas vor.

Amphibien sind kriechende oder hüpfende Wirbeltiere

Alle Amphibien sind Wirbeltiere. Auch Frösche sind Wirbeltiere – sie haben eine Wirbelsäule und ein komplexes Skelettsystem wie die anderen Wirbeltiere auch.

Das Skelett eines Froschs besteht aus dem Schädel, dem sich daran anschließenden Schultergürtel, der Wirbelsäule (mit 9 Wirbeln) und dem schmalen Beckengürtel. Die Rippen sind kurz, am Schultergürtel setzen die Knochen der vorderen Gliedmaßen, am Beckengürtel die der hinteren Gliedmaßen an.

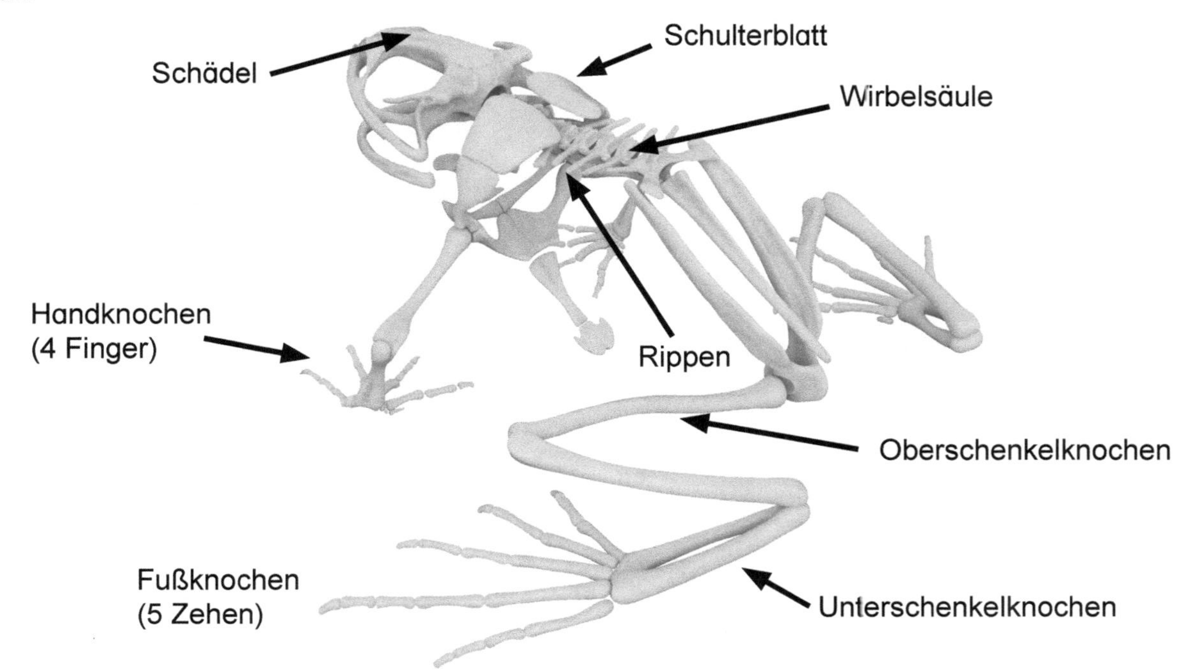

Infotext

Amphibien oder Lurche

Gliedmaßen

Amphibien haben vier Gliedmaßen. An ihren Füßen haben sie wie wir Menschen 5 Zehen, ihre Hände bestehen dagegen nur aus **4 Fingern**.

Fortbewegung

- Frösche bewegen sich auf dem Land mithilfe der hinteren Sprungbeine springend fort. Die Zehen sind durch Schwimmhäute verbunden. Im Wasser sind sie geschickte Schwimmer, indem sie mit den Hinterbeinen kräftige Stöße ausführen.
- Molche schreiten auf dem Land mit ihren etwa gleich großen Vorder- und Hinterbeinen voran. Im Wasser bewegen sie sich mithilfe des Ruderschwanzes schlängelnd vorwärts.

Wechselwarme Tiere

Amphibien sind wechselwarme Tiere. Das heißt, dass sie ihre Körpertemperatur ständig verändern, um sie an die Temperatur ihrer Umwelt anzupassen.

Haut

Amphibien sind sogenannte Feuchtlufttiere. Über Schleimdrüsen befeuchten sie ihre Haut. Einige Frösche, Kröten, Molche und Salamander besitzen Giftdrüsen, deren Sekrete einen Schutz gegen Feinde bilden.

Amphibien müssen nicht trinken. Ihre lebenswichtige Wasseraufnahme erfolgt durch die Haut.

Laich

Amphibien legen ihren Laich im Wasser ab und ihre Larven (**Kaulquappen**) entwickeln sich im Wasser. Sie atmen wie Fische durch Kiemen und schwimmen mithilfe ihres Schwanzes. Wenn sie älter werden, gehen sie an Land (Landgang) und leben dann an Land und im Wasser. Sie atmen dann wie wir Menschen durch Lungen.

Die Entwicklung von der Larve zum erwachsenen Tier nennt man Metamorphose.

Dabei finden teilweise starke Veränderungen in der Lebensweise und Physiologie des Tieres statt. Im Laufe ihrer Entwicklung bilden sich eine Lunge sowie Gliedmaßen, während sich die Kiemen zurückbilden. Während die Schwanzlurche ihren Schwanz ihr Leben lang behalten, bildet sich bei den Froschlurchen in diesem Entwicklungsstadium auch der Schwanz zurück.

METAMORPHOSE

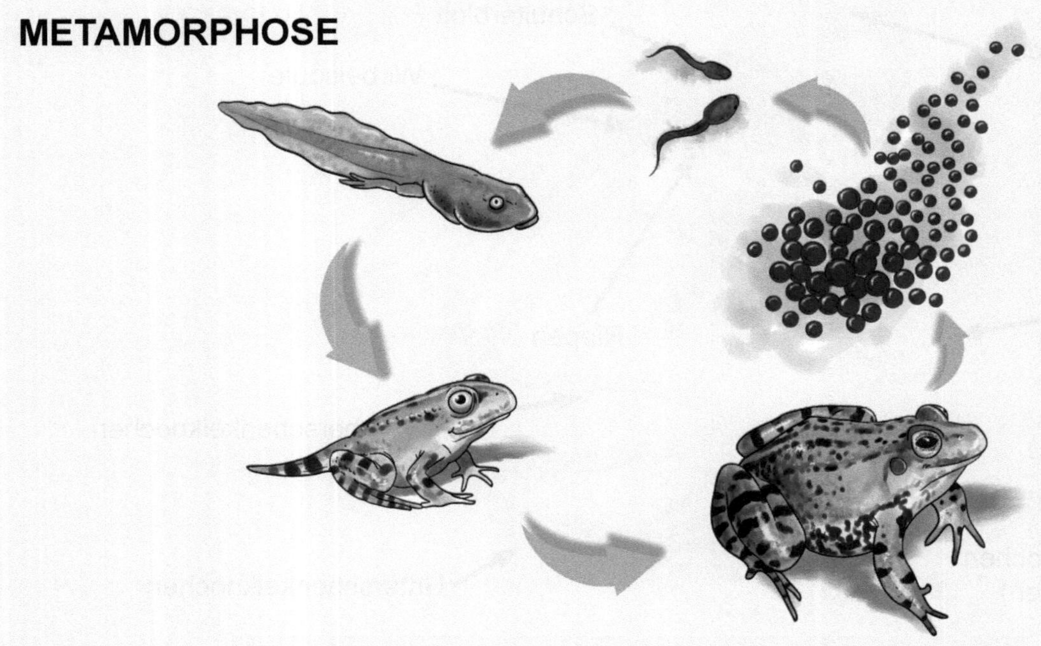

Infotext

Merkmale

Die **Reptilien** oder **Kriechtiere** (lat. reptilis = kriechend) gehören zu den Landwirbeltieren. Als Landwirbeltiere (Tetrapoda) fasst man in der Biologie die Wirbeltiere zusammen, die 4 Gliedmaßen besitzen. **Zu den Reptilien zählt man Schildkröten, Brückenechsen, Krokodile, Echsen und Schlangen.**

Merkmale von Reptilien

- **Lebensraum**: Reptilien leben überwiegend auf dem Land; dicke Hornschuppen schützen ihre Haut vor dem Austrocknen.
- **Fortbewegung**: Die meisten Reptilien haben einen langen Schwanz und bewegen sich auf 4 Beinen im Spreizgang fort. Bei Schlangen sind die Beine evolutionär wieder verschwunden, deshalb können sie nur schlängeln.
- **Wechselwarme Wirbeltiere**: Ihre Körpertemperatur passt sich der Umgebungstemperatur an und ist von dieser abhängig. Meerechsen auf Galápagos nutzen die Wärme der Sonne, um sich aufzuheizen. Zur Nahrungssuche gehen sie ins kalte Wasser. Wenn es Reptilien zu warm wird, suchen sie sich einen Schattenplatz.
- **Körperform**: Reptilien weisen verschiedene Körperformen auf, z. B. schildkrötenförmig, schlangenförmig mit langem, rundlichen Körper oder auch echsenförmig mit abgesetztem Kopf, Hals und Rumpf, ausgebildetem Schwanz und Beinen.
- **Atmung**: Eines der wichtigsten Merkmale von Reptilien ist die Lungenatmung, ihre Haut ist so dick geworden, dass eine Hautatmung nicht mehr möglich ist.
- **Haut und Schuppen**: Alle Reptilien haben eine trockene und verhornte Haut. Sie sind unabhängig vom Wasser und konnten deshalb auch trockene Lebensräume besiedeln. Bei Schlangen und Echsen bedecken typische Schuppen den gesamten Körper. Schildkröten besitzen einen schützenden Knochenpanzer, der von Hornschuppen bedeckt ist. Krokodile sind ebenfalls gepanzert, in die Haut des Rückens sind kleine Knochenplättchen eingelagert. Reptilien häuten sich regelmäßig, weil die abgestorbene Hornhaut nicht mitwächst.
- **Fortpflanzung und Vermehrung**: Krokodile, Brückenechsen und Schildkröten sind allesamt eierlegend. Lederschildkröten etwa begeben sich zur Eiablage an den Strand zurück, an dem sie selbst geschlüpft sind und vergraben ihre Eier im Sand, wo die Sonnenwärme sie ausbrütet. Krokodile nutzen dagegen die Wärme, die entsteht, wenn Nistmaterial verrottet. Bei Echsen und Schlangen gibt es auch ovovivipare[1] (eierlebendgebärende) Arten. Manche Reptilien (z. B. Anakonda) brüten ihre Junge im Bauch der Mutter aus; die Jungen kommen dann lebend zur Welt. Die Jungen der Reptilien entwickeln sich auf dem Land und sehen nach dem Schlüpfen bereits aus wie ihre Eltern.
- **Sinnesorgane**: Reptilien verfügen über einen guten bis sehr guten Gesichtssinn. Bei allen Reptilien ist der Geruchssinn, insbesondere bei Schildkröten gut ausgebildet. Einige Schlangenarten verfügen zusätzlich noch über ein als Infrarot-Rezeptor dienendes Grubenorgan neben den Nasenlöchern.
- **Züngeln der Reptilien**: Echsen und Schlangen strecken immer wieder ihre Zunge heraus. Dieses Verhalten wird als **Züngeln** bezeichnet. Durch die herausgestreckte Zunge können sie Geruchsstoffe aus der Luft aufnehmen, die dann mithilfe der Sinneszellen im **Jacobson-Organ** wahrgenommen werden. Dabei brauchen die Schlangen nicht einmal das Maul öffnen, weil sie die Zunge durch eine Spalte im Oberkiefer führen können.

[1] Die Eier ovoviviparer Tiere werden nicht abgelegt, sondern verbleiben im Mutterleib, um dort dotterernährt ausgebrütet zu werden. Der Nachwuchs schlüpft dann entweder noch im Körper des Muttertieres oder kurz nach der Eiablage.

Ordnungen

Zu der Klasse Reptilien gehören die 5 Ordnungen

Schildkröten (Testudines)	Brückenechsen (Rhynchocephalia)	Krokodile (Crocodylia)	Echsen (Sauria)	Schlangen (Serpentes)

Die artenreichste Ordnung stellen die Echsen dar, welcher mehr als 4800 Arten angehören. Echsen und Schlangen (ca. 3000 Arten) zusammen umfassen allein 96 % aller Reptilienarten. Ca. 280 Arten gehören zur Ordnung der Schildkröten, nur 2 Arten zu den Brückenechsen sowie ca. 23 Arten zu den Krokodilen.

BRÜCKENECHSE

BRILLENKAIMAN

Die nur auf den neuseeländischen Inseln heimischen **Brückenechsen** werden als lebende Fossilien angesehen. **Brillenkaimane** gehören zur Ordnung der Krokodile und in dieser zur Familie der Alligatoren. Es gibt sie schon seit 80 Millionen Jahren auf der Erde.

KARETTSCHILDKRÖTE

JUNGTIER

Die maximal 90 cm lange **Echte Karettschildkröte** ist **ein Vertreter der Meeresschildkröten**. Sie ist bis zu 75 kg schwer. Alle 4 Beine der Meeresschildkröte haben sich zu flossenartigen Paddeln umgebildet. Mit ihnen können die Tiere sehr gut schwimmen, so dass sie bis zu 25 km/h schnell sind. Die Weibchen finden immer an den Strand, wo sie geboren wurden, zurück.

Einheimische Reptilien

Insgesamt leben in Deutschland 15 Reptilienarten, z. B. Schildkröten, Eidechsen und Schlangen. Die meisten Arten legen ihre Eier in selbstgegrabenen Erdlöchern oder in verrottendem Material wie Komposthaufen ab. Die durch die Sonne oder Verrottung entstehende Wärme sorgt dann für das Ausbrüten der Eier. Waldeidechse, Blindscheiche und Kreuzotter sind lebendgebärend, d. h. die Eier werden schon im Mutterleib ausgebrütet und während der Geburt schlüpfen die Jungtiere dann aus.

BLINDSCHLEICHEN-WEIBCHEN MIT DEM MITTIGEN SCHWARZEN "AALSTRICH"

BLINDSCHLEICHEN-JUNGTIER

ZÜNGELNDE RINGELNATTER

KREUZOTTER

Die **Blindschleiche** ist eines der in Mitteleuropa am häufigsten vorkommenden Reptilien. Mit ihrem beinlosen, langgestreckten Körper kann man sie leicht für eine Schlange halten. Im Gegensatz zu den Schlangen bricht ihr Schwanz leicht ab. Außerdem besitzt sie bewegliche Augenlider und äußere Gehöröffnungen.

Die **Ringelnatter** ist unsere häufigste einheimische Schlange. Das Reptil mit den 2 typischen halbmondartigen hellen Flecken hinter dem Kopf ist für uns Menschen völlig ungefährlich.

Die **Kreuzotter** gehört zur Familie der Vipern, welche alle giftig sind. Sie haben auch die Eigenschaft, dass ihre Körper im Verhältnis zur Länge ziemlich dick sind. Die Kreuzotter ist meistens nur 60, höchstens 80 cm lang und eine der am weitesten verbreiteten Schlangen in Europa.

Die **Europäische Sumpfschildkröte** ist die einzige Schildkrötenart überhaupt, die in Mitteleuropa (auch Deutschland) in der Natur – also nicht als Haustier – vorkommt, aber sehr selten.

EUROPÄISCHE SUMPFSCHILDKRÖTEN

KOHL VERLAG Stationenlernen WIRBELTIERE Sekundarstufe – Bestell-Nr. 12 931

Infotext

Fische

Fische sind schwimmende Wirbeltiere

Fische oder <u>Pisces</u> (Plural von lat. *piscis = Fisch*) sind im Wasser lebende Wirbeltiere mit Kiemenatmung. Alle Fischarten leben im Wasser. Sie sind auf dem Land nicht lebensfähig. Lebensräume der Fische sind die Meere/Ozeane mit ihrem Salzwasser (= <u>Meeresfische</u>) und die Binnengewässer wie Bäche, Flüsse, Teiche und Seen mit ihrem Süßwasser (= <u>Süßwasserfische</u>). Der kleinste Fisch ist die Grundel; sie misst gerade mal 11 mm. Zu den größten Fischen gehört der bis zu 14 m lange Walhai und der bis zu 7 m breite Riesenmanta.

Die Klasse der Fische wird in <u>Knorpelfische</u> und <u>Knochenfische</u> eingeteilt. Sie weisen Unterschiede in ihrem Skelett auf. Wenn ihr Skelett aus Knorpel besteht, spricht man von Knorpelfischen (*Hai, Rochen*). Besteht das Skelett dagegen aus Knochen, nennt man sie entsprechend Knochenfische (*Thunfisch, Hering, Aal*).

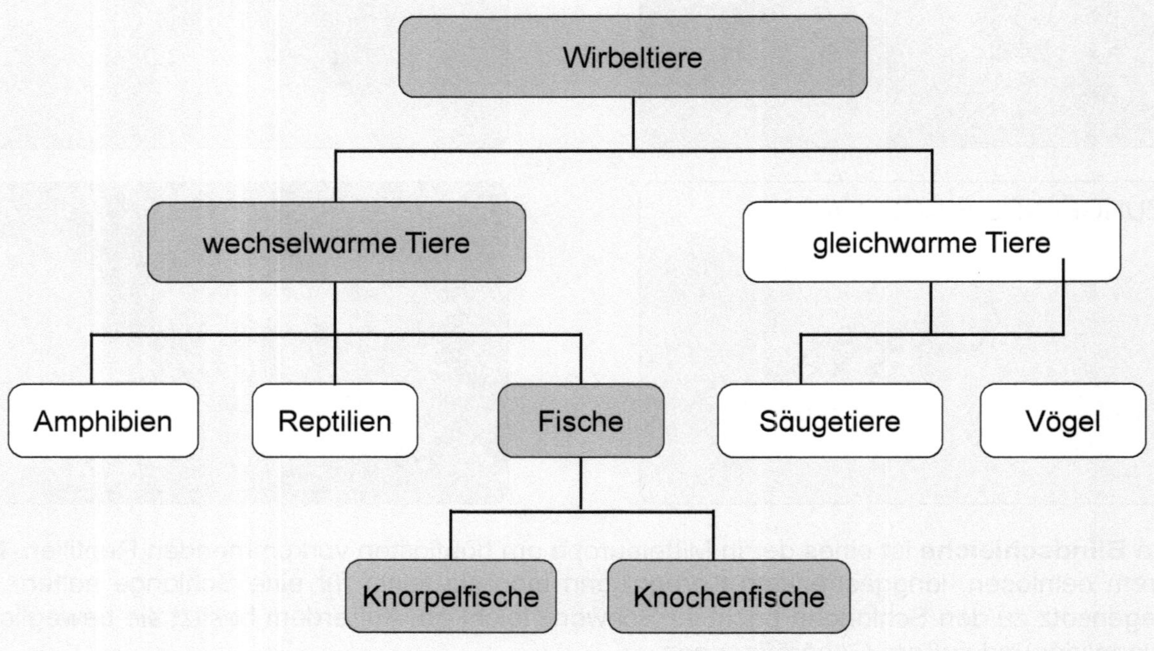

Knochenfische: Mit Ausnahme der Neunaugen sind sämtliche in den Binnengewässern Mitteleuropas lebende Fischarten Knochenfische. Unter den Wirbeltieren stellen die Knochenfische die artenreichste Gruppe dar.

Infotext

Fische

Knorpelfische: Im Unterschied zu den Knochenfischen besteht das Skelett der Knorpelfische aus Knorpel, eingelagerter prismatischer Kalk kann den Knorpel aber enorm widerstandsfähig machen. Knorpel ist jedoch elastisch, Knochen nicht. Zu den Knorpelfischen gehören Haie, Rochen und die wenig bekannten Seekatzen. Nur ca. 4 % der heute bekannten Fischarten zählen zu den Knorpelfischen. Nahezu sämtliche Knorpelfische leben im salzigen Meerwasser, jedoch einige Haiarten und die Süßwasser-Stechrochen sind an das Süßwasser angepasst.

Infotext

Merkmale von Fischen

- **Lebensraum und Lebensweise**: Fische sind Wassertiere, sie leben ausschließlich im Wasser. Ihre gesamte Lebensweise – Fortbewegung, Ernährung, Atmung, Fortpflanzung und Heranreifung der Larve zum erwachsenen Tier – findet im Wasser statt. Fische atmen durch Kiemen und haben eine schleimige, schuppige und feuchte Haut. Nach der Besamung der abgelaichten Eier entwickeln sich aus den befruchteten Eiern Fischlarven, die zum Jungfisch und zum erwachsenen Fisch heranwachsen.
- **Skelett**: im Inneren des Körpers der Fische befindet sich das Skelett mit der Wirbelsäule. Der Körper der Fische ist in Kopf, Rumpf und Schwanz gegliedert.
- **Wechselwarm**: Fische sind wechselwarme Tiere, d. h. sie passen ihre Körpertemperatur der Umgebung an.
- **Fortbewegung**: Fische bewegen sich mithilfe ihrer Flossen in einer schlängelnden Bewegung fort. Der Hauptantrieb kommt dabei von der Schwanzflosse. Flossen bestehen aus einzelnen knöchernen Flossenstrahlen, die durch Häute miteinander verbunden sind. Die Rücken- und Afterflosse sorgen dafür, dass der Fisch im Wasser aufrecht bleibt. Die Brust- und Bauchflossen helfen dem Fisch beim Abbremsen und beim Steuern.

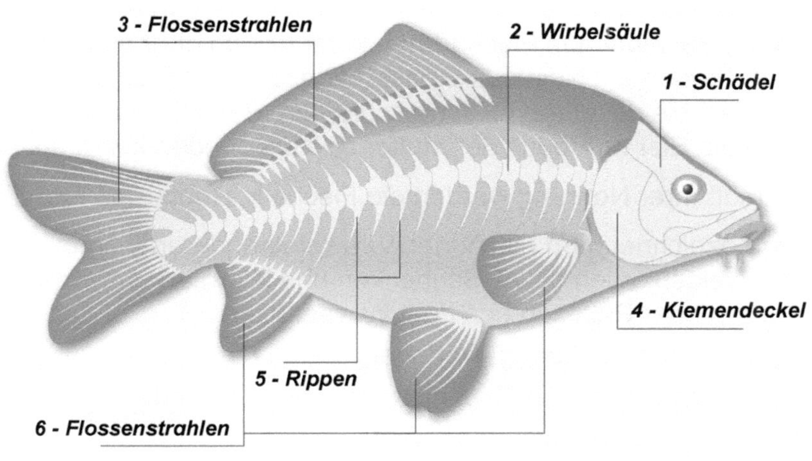

KOHL VERLAG Stationenlernen WIRBELTIERE Sekundarstufe – Bestell-Nr. 12 931

Infotext

Merkmale von Fischen

- **Innere Organe**: Die interessantesten Organe bei Fischen sind die Kiemen, mit denen der Fisch atmet, und die Schwimmblase – sie ist aus einer Ausstülpung des Darms entstanden und mit Luft gefüllt. Sie sorgt dafür, dass der Fisch im Wasser schweben kann. Fische, die keine Schwimmblase besitzen – also beispielsweise die Knorpelfische – müssen immer in Bewegung bleiben, damit sie nicht auf den Grund sinken.

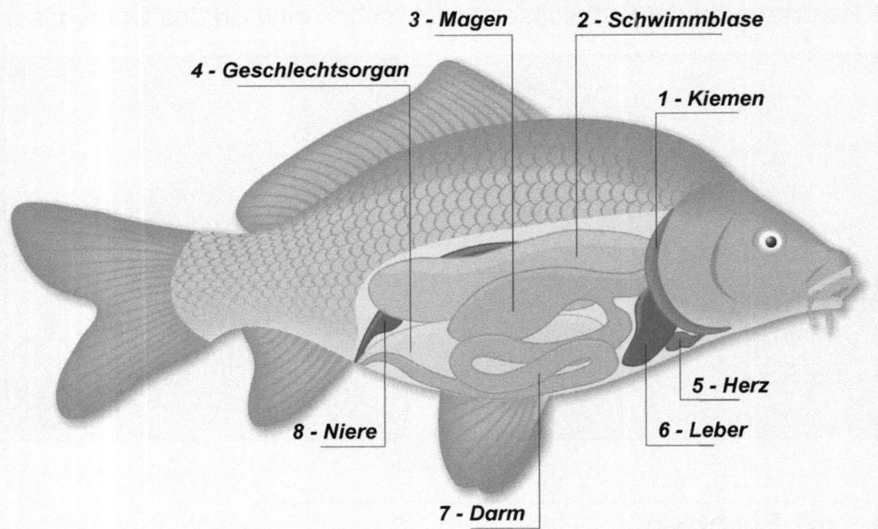

- **Atmung**: Fische können mit ihren Kiemen unter Wasser atmen. Die Kiemen befinden sich seitlich am Kopf des Fisches und sind durch Kiemendeckel geschützt.
- **Körperform**: Fische haben in der Regel einen langgestreckten, seitlich abgeflachten oder runden Körper, der zum Kopf und Schwanz hin zugespitzt ist (= stromlinienförmig). Aufgrund der Stromlinienform ihres Körpers haben die Fische nur einen geringen Wasserwiderstand.
- **Haut**: Ein Fisch fühlt sich immer schleimig an. Unter dem Schleim liegt die Fischhaut. Sie besteht aus Ober-, Leder- und Unterhaut.

  Oberhaut: sondert Schleim ab und sorgt dafür, dass der Fisch leicht durch das Wasser gleiten kann.

  Lederhaut: enthält die bekannten Schuppen, die den Fisch vor äußeren Einflüssen schützen.

  Unterhaut: enthält Blutgefäße, Nerven und Zellen, die dem Fisch seine Farbe verleihen.
- **Fortpflanzung**: Die Fortpflanzung und Entwicklung der Fische findet im Wasser statt. Die Weibchen legen Eier, die von männlichen Fischen außerhalb des Körpers befruchtet werden. Die jungen, frisch geschlüpften Fischchen (= Larven) müssen meist selbst zurechtkommen. Bei manchen Fischarten kümmern sich aber auch die Eltern um ihren Nachwuchs: Sie bauen ein Nest aus Wasserpflanzen oder Steinen, legen ihre Eier hinein und bewachen sie, bis die jungen Fische schlüpfen. Beim Dornhai oder dem Hammer-Hai entwickeln sich die Eier im Bauch der Mutter und die Jungen kommen lebend zur Welt.
- **Nahrung**: Gemäß ihrer Nahrung werden die Fische in Raub- und Friedfische eingeteilt.

  Als Friedfisch bezeichnet man Fischarten, die keine anderen Fische jagen und sich überwiegend von Insektenlarven sowie Schnecken und Würmern am Grund von Seen oder Flüssen ernähren oder Plankton aus dem Wasser filtern.

  Beispiele: Karpfen, Schlei, Hering, Rotfeder.

  Als Raubfische bezeichnet man Fischarten, die sich von anderen Fischen ernähren.

  Beispiele: Hecht, Zander, Flussbarsch, Wels

Station

Biologie ist eine umfassende Wissenschaft

Aufgabe 1: *Womit befasst sich das Fach Biologie und in welchen Bereichen arbeiten Wissenschaftler und Forscher der Biologie?*

Aufgabe 2: *Woraus setzt sich der Begriff Biologie zusammen?*

Aufgabe 3: *Schreibe im Heft die Begriffe alphabetisch untereinander und erkläre sie kurz.*

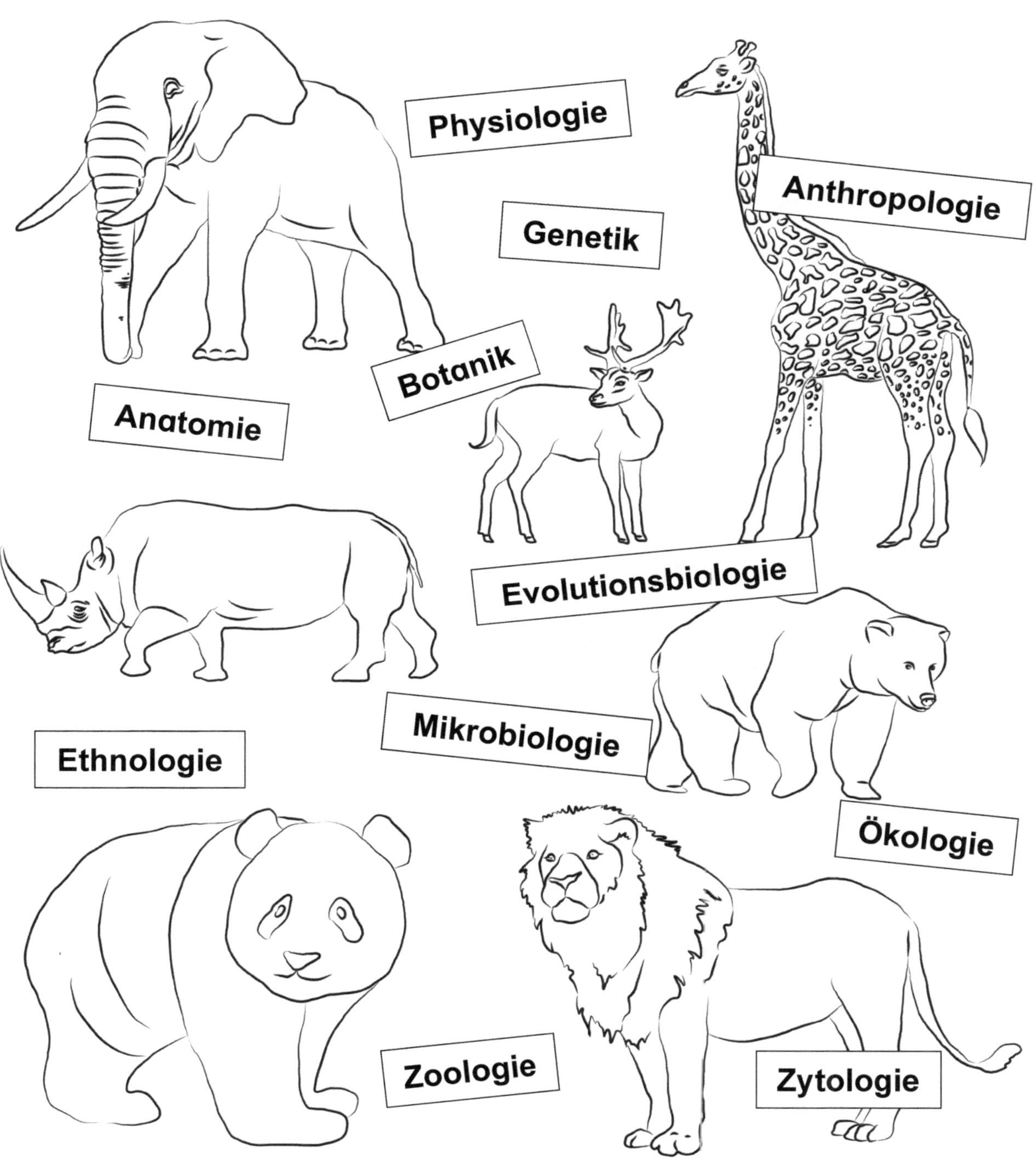

Aufgabe 4: Beschreibe die Auswirkungen der Brandrodungen im Amazonasgebiet (siehe Foto auf Seite 14 unten.)

Stationenlernen WIRBELTIERE
Sekundarstufe – Bestell-Nr. 12 931
KOHL VERLAG

Station

Biologie ist eine umfassende Wissenschaft

– Lösung –

Aufgabe 1: Mit Biologie ist die Wissenschaft allen Lebens und der Lebewesen gemeint und schließt Menschen, Tiere, Pflanzen, Pilze und Bakterien mit ein. Als klassische Naturwissenschaft beschäftigt sich die Biologie mit den chemischen und physikalischen Vorgängen im Organismus, seiner Entwicklung und den übergeordneten Gesetzmäßigkeiten.

Aufgabe 2: Der Begriff „Biologie" setzt sich aus den altgriechischen Wörtern bios („Leben") und logos („Lehre") zusammen. Biologie ist die „Lehre vom Leben".

Aufgabe 3: **Anatomie** = Unter Anatomie versteht man die Lehre vom Aufbau der Organismen. Sie vermittelt Einblicke in die Gestalt, die Lage, den Bau und die Beschaffenheit der Körperteile und Organe des menschlichen und tierischen Körpers.

Anthropologie = Der Begriff Anthropologie kommt aus dem Griechischen und bedeutet: Lehre bzw. Wissenschaft vom Menschen.

Botanik = Die Botanik (Pflanzenkunde) beschäftigt sich mit der Systematik, dem Lebens-zyklus, dem Stoffwechsel, dem Aufbau und dem Wachstum von Pflanzen.

Genetik = Wissenschaft über die Vererbungslehre

Ethnologie = Wissenschaft über das Verhalten von Menschen und Tieren

Evolutionsbiologie = Die Evolutionsbiologie (Lehre von der allmählichen Entwicklung der Lebewesen) befasst sich mit der Entstehung und Weiterentwicklung von Lebewesen.

Mikrobiologie = Wissenschaft von Mikroorganismen; es wird untersucht, wie die Welt der Bakterien, Pilze, Algen und Viren aussieht.

Ökologie = Die Ökologie befasst sich mit den Wechselwirkungen von Lebewesen untereinander und mit ihrer Umwelt, d. h. zwischen Lebewesen und abiotischen Faktoren wie Klima, Boden, Licht, Wasser und chemischen Faktoren.

Physiologie = Die Physiologie untersucht die Funktionen und Leistungen einzelner Teile eines Organismus und deren Zusammenwirken.

Zoologie = Die Zoologie (altgriechisch „zoon" = Tier) beschäftigt sich in allen Belangen mit den Tieren. Man untersucht dabei Gestalt und Körper von Tieren.

Zytologie = Die Zytologie bezeichnet die Lehre vom Aufbau der Zelle und ihrer Funktionen

Aufgabe 4: Individuelle Lösungen

Station

Die Teildisziplinen in der Biologie

Aufgabe 1: *Schreib die entsprechende Teildisziplin der Biologie unter die Abbildung.*

a

b

c

d

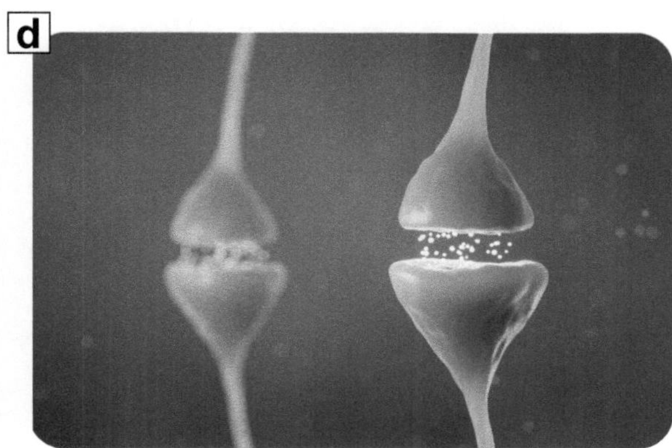

e

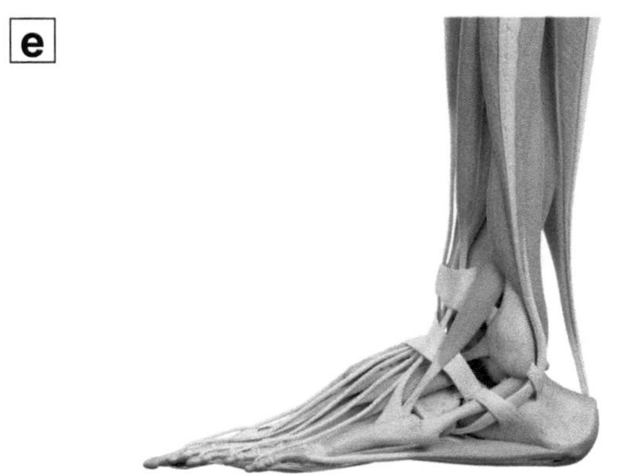

f

Aufgabe 2: *Was ist auf den Abbildungen b, c und f dargestellt?*

Aufgabe 3: *Was ist auf Abbildung d dargestellt? Wie heißen diese „Kontaktstellen" zwischen den Nervenzellen und welche Aufgaben haben sie?*

Aufgabe 4: *Wie kann man Synapsen trainieren bzw. die Neubildung fördern?*

KOHL VERLAG Stationenlernen WIRBELTIERE Sekundarstufe – Bestell-Nr. 12 931

Station
Die Teildisziplinen in der Biologie

– Lösung –

Aufgabe 1:

a

Ethnologie

b

Zoologie

c

Ökologie

d
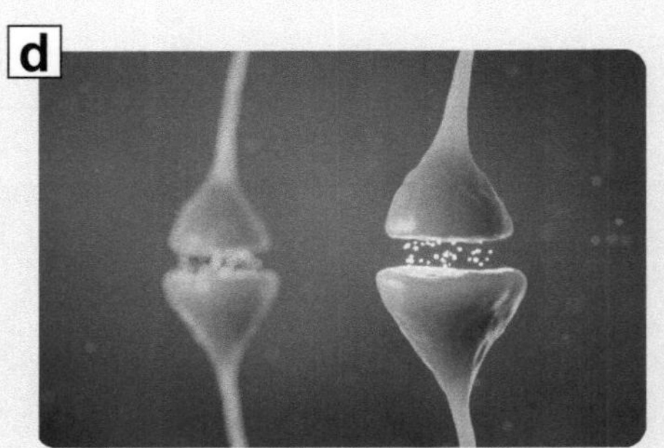
Mikrobiologie

e
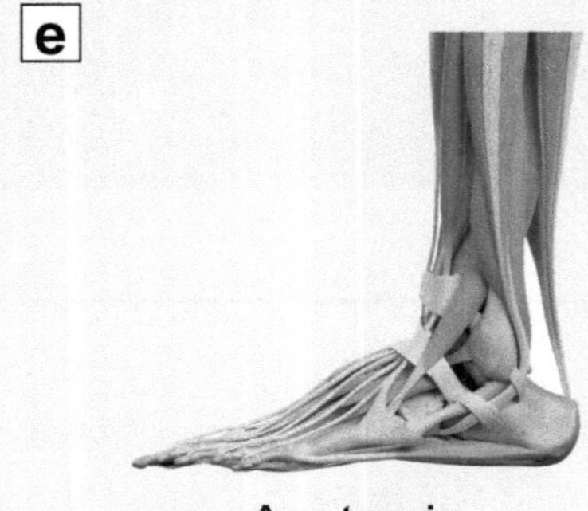
Anatomie

f

Botanik

Aufgabe 2: b = eine Übersicht über Tiere, die im und/oder an einem Gewässer ihren Lebensraum haben
c = ein intakter Mischwald mit unterschiedlichen Bäumen und einem natürlichen Bach
f = Eichenzweig mit Blättern und Eicheln

Aufgabe 3: Synapsen – Eine Verknüpfung zur Reizweiterleitung zwischen den Nervenzellen nennt man Synapse. Synapsen nehmen Reize wahr und leiten sie als Erregungen in unserem Körper von einer Zelle zur nächsten weiter. Auf diese Weise können Nervenzellen miteinander kommunizieren.

Aufgabe 4: Durch das Lernen neuer Fähigkeiten, das Bewältigen von mentalen oder körperlichen Herausforderungen, das Erlernen einer neuen Sprache oder das Erkunden eines neuen Ortes.Dadurch entsteht ein ganzes Netzwerk von Neuronen, in dem immer wieder neue synaptische Verbindungen gebildet werden.

Aufgabe 1: *Woraus setzt sich der Begriff „Zoologie“ zusammen?*

Aufgabe 2: *Ergänze die folgenden Sätze mit den entsprechenden Aussagen.*

- *Zoologie ist eine Disziplin der Biologie, die sich mit Tieren befasst …*
- *Zoologen erforschen die Anatomie …*
- *Zoologische Studien helfen beim Schutz …*
- *Die Zoologie hat dazu beigetragen, das Verhalten von Tieren …*

Aufgabe 3: *Wie lautet der deutsche Name für Zoologie und womit beschäftigt sich diese Wissenschaft hauptsächlich?*

Aufgabe 4: *Nenne die Namen der abgebildeten Tiere von a bis d. Auf welchen Kontinenten kommen sie heute noch vor?*

a

b

c

d

Stationenlernen WIRBELTIERE
Sekundarstufe – Bestell-Nr. 12 931
KOHL VERLAG

Station

Aufgaben und Inhalte

– Lösung –

Aufgabe 1: Der Begriff „Zoologie“ leitet sich von den griechischen Begriffen „zoon“ für Tier und „logos“ für Lehre ab.

Aufgabe 2: Ergänze die folgenden Sätze mit den entsprechenden Aussagen.

- Zoologie ist eine Disziplin der Biologie, die sich mit Tieren befasst, vom Verhalten einzelner Tiere bis hin zu den Verbindungen zwischen den Arten.
- Zoologen erforschen die Anatomie, Physiologie und Verhaltensweisen von Tieren.
- Zoologische Studien helfen beim Schutz gefährdeter Arten und Lebensräume.
- Die Zoologie hat dazu beigetragen, das Verhalten von Tieren besser zu verstehen – Kommunikation, Paarung und soziale Organisation.

Aufgabe 3: Der deutsche Name für Zoologie lautet Tierkunde. Die Zoologie/Tierkunde beschäftigt sich mit Aufbau (Anatomie), Entwicklungsgeschichte (u. a. Paläozoologie), Erscheinungsbild (Morphologie), Fortpflanzung, Lebensraum, Vererbung (Genetik) und dem Verhalten von Tieren. Sie untersucht Aufbau, Lebensweise, Stammesgeschichte und Verbreitung der tierischen Organismen.

Aufgabe 4: Nenne die Namen der abgebildeten Tiere von a bis d. Auf welchen Kontinenten kommen sie heute noch vor?

a

Luchs
Nord-/Osteuropa

b

Wolf
Europa, Nordamerika

c

Ameisenbär
Mittel-/Südamerika

d

Faultier
Mittel-/Südamerika

Station

Natur- und Tierforscher

Zoologie

Aufgabe 1: *Wie hieß der Naturforscher, der die moderne Taxonomie und Tierklassifikation begründet hat?*

Aufgabe 2: *Erläutere den Begriff Taxonomie in der Biologie und ergänze das Beispiel.*

Taxonomische Stufen	Hauskatze
Stamm	
	Säugetiere
Unterklasse	
	Raubtiere
Unterordnung	
Familie	

Aufgabe 3: *Wer ist die bekannte Tierforscherin Jane Goodall und wofür setzt sie sich besonders ein (siehe Internet)?*

Aufgabe 4: *Was versteht man unter einem Habitat?*

Aufgabe 5: *Beschreibe die Lage und Größe des Gombe-Stream-Nationalparks in Tansania.*

KOHL VERLAG Stationenlernen WIRBELTIERE Sekundarstufe – Bestell-Nr. 12 931

Station
Natur- und Tierforscher

– Lösung –

Aufgabe 1: Der schwedische Naturforscher Carl von Linné gilt als Vater der modernen Taxonomie und Tierklassifikation. Er schuf mit der binären Nomenklatur die Grundlagen der modernen botanischen und zoologischen Taxonomie. Die Klassifizierung von Tieren erfolgt anhand ihrer Merkmale und Verwandtschaftsbeziehungen.

Aufgabe 2: Die Taxonomie in der Biologie ordnet Lebewesen nach bestimmten Merkmalen und Kriterien. Sie werden dazu hierarchisch in sogenannte Taxa eingeordnet. Ein Taxon (pl. Taxa) ist eine Gruppe von Lebewesen mit gleichen Merkmalen, die sich von anderen Gruppen abgrenzen lässt.

Taxonomische Stufen	Hauskatze
Stamm	Wirbeltiere
Klasse	Säugetiere
Unterklasse	Plazentatiere
Ordnung	Raubtiere
Unterordnung	Katzenartige
Familie	Katzen

Aufgabe 3: Jane Goodall ist eine britische Verhaltensforscherin, die seit 1960 das Verhalten von Schimpansen im Gombe-Stream-Nationalpark (Tansania) erforscht. Um für den Erhalt der Primaten-Habitate und den Artenschutz zu werben, gründete sie das Jane-Goodall-Institut, das durch Bildung ein besseres Verständnis für die Primaten und deren Rechte anstrebt, die Zusammenarbeit mit lokalen Gemeinden stärken und junge Menschen für diese Aufgaben gewinnen will.

Aufgabe 4: Habitat wird im Deutschen meist mit Lebensraum (Wohnort) übersetzt. Man bezeichnet in der Biologie damit den charakteristischen Aufenthaltsbereich einer bestimmten Tier- oder Pflanzenart.

Aufgabe 5: Der Gombe-Stream-Nationalpark ist ein Nationalpark im Westen von Tansania (Ostafrika), direkt am Ostufer des Tanganjikasees gelegen. Er umfasst ca. 52 km² und ist einer der kleinsten Nationalparks in Tansania. Er liegt 16 km nördlich der Stadt Kigoma unweit der Grenze zu Burundi.

Station

Kennzeichen und Merkmale

Wirbeltiere

Aufgabe 1: *Nenne das Kennzeichen aller Wirbeltiere und erkläre seinen Grundaufbau.*

____

Aufgabe 2: *Nenne weitere wichtige Merkmale der Wirbeltiere.*

____

____

____

Aufgabe 3: *Beschrifte das Skelett mit den entsprechenden Begriffen.*

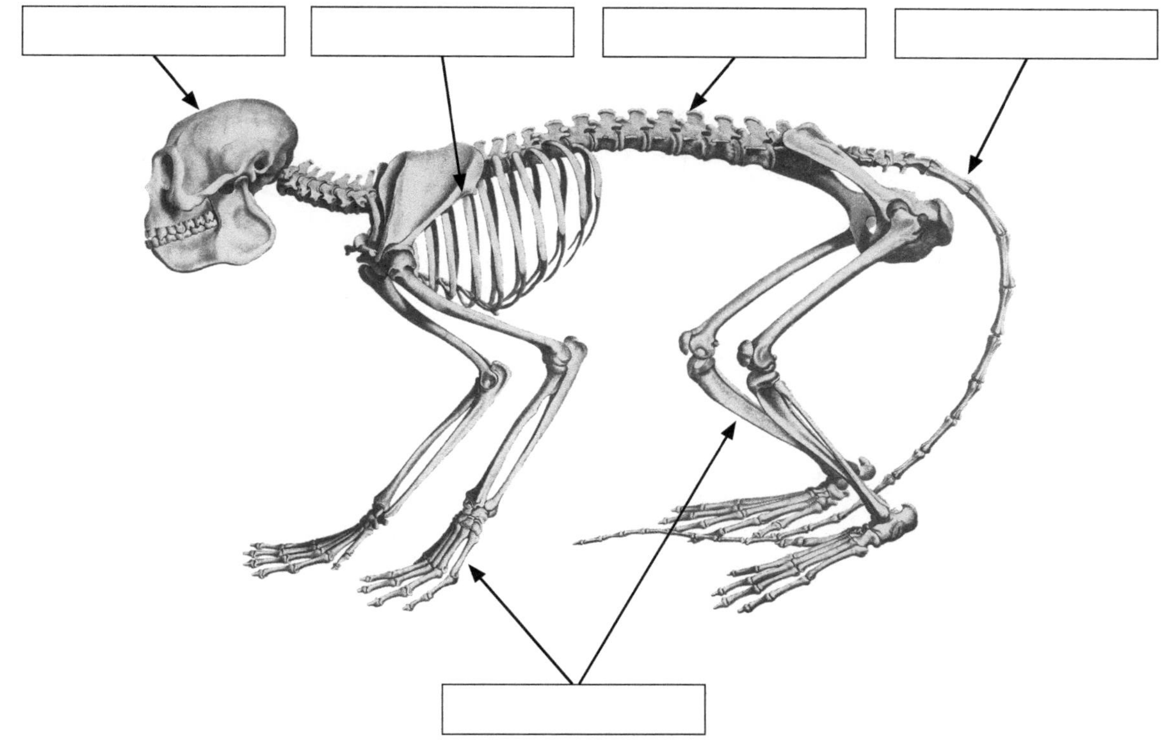

Aufgabe 4: *Nenne die Voraussetzungen für die Größenzunahme bei Wirbeltieren.*

____

____

____

____

Stationenlernen WIRBELTIERE
Sekundarstufe – Bestell-Nr. 12 931

Kennzeichen und Merkmale

– Lösung –

Aufgabe 1: Das Kennzeichen aller Wirbeltiere ist die Wirbelsäule. Sie besteht aus Wirbeln und Knorpelscheiben.

Aufgabe 2:
- Wirbeltiere pflanzen sich durch Eier fort oder gebären lebende Junge;
- die Atmung erfolgt mithilfe von Lungen oder Kiemen;
- das geschlossene Blutgefäßsystem wird durch ein Herz angetrieben;
- das Zentralnervensystem besteht aus Gehirn und Rückenmark.

Aufgabe 3: Beschrifte das Skelett mit den entsprechenden Begriffen.

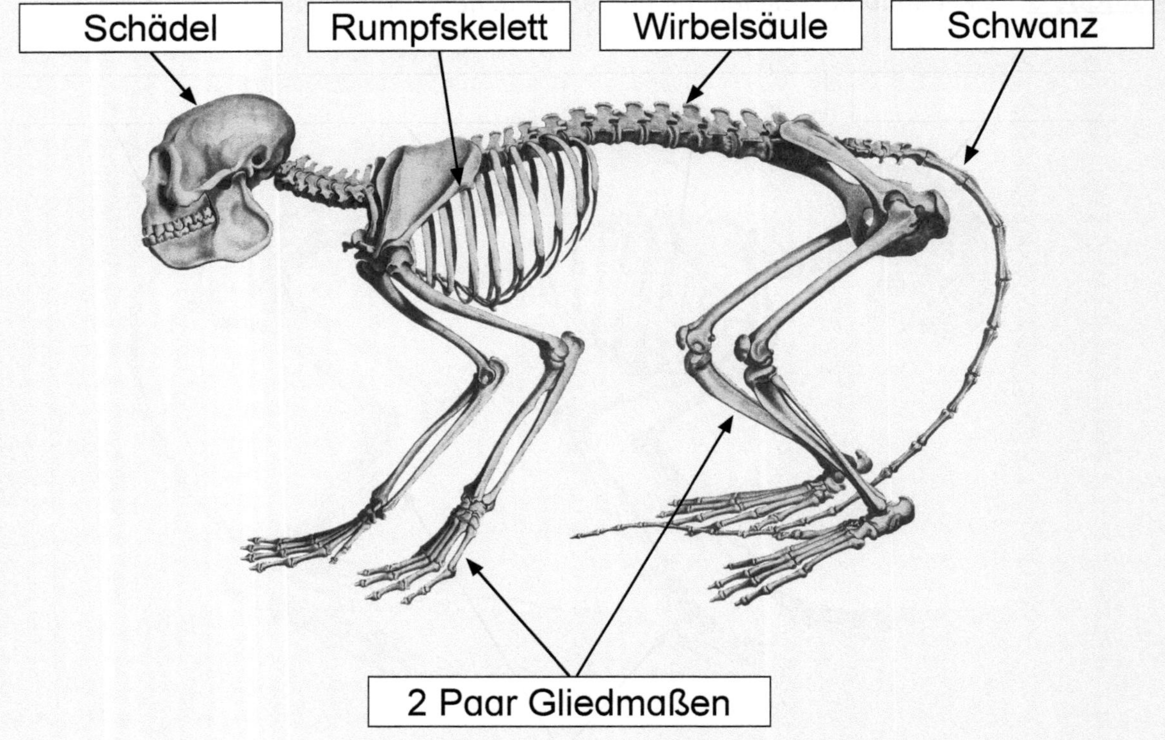

Aufgabe 4: Voraussetzungen für diese Größenzunahme bei den Wirbeltieren waren ihr einzigartiges aus Knochen und Knorpel bestehendes Innenskelett, die Entwicklung einer sehr leistungsfähigen Muskulatur und das geschlossene Herz-Kreislauf-System.

Verbreitung und Vorkommen

Aufgabe 1: *Wie heißen diese Wirbeltiere und auf welchen Kontinenten leben sie?*

a 

b 

c 

d 

______ ______ ______ ______

Aufgabe 2: *Nenne das größte Wirbeltier und beschreibe es etwas genauer.*

______

______

______

Aufgabe 3: *Kennst du diese Wirbeltiere? Nenne ihren Namen, ihre Besonderheiten und ihren Lebensraum (Kontinent).*

a 

b 

c 

a = ______

______

______

b = ______

______

______

c = ______

______

______

Aufgabe 4: *Was muss Deutschland tun, um das Aussterben von Wirbeltieren zu verhindern bzw. das Wiedereingliedern von Wirbeltieren zu ermöglichen?*

KOHL VERLAG Lernen mit Erfolg
Stationenlernen WIRBELTIERE
Sekundarstufe – Bestell-Nr. 12 931

Station

Verbreitung und Vorkommen

– Lösung –

Aufgabe 1: Wie heißen diese Wirbeltiere und auf welchen Kontinenten leben sie?

a	b	c	d
Känguru Australien	**Yak** Asien	**Bison** Nordamerika	**Gürteltier** Südamerika

Aufgabe 2: Das größte Wirbeltier ist der Blauwal mit einer Maximallänge von 33 m und einem Maximalgewicht von 200 Tonnen.

Aufgabe 3: Kennst du diese Wirbeltiere? Nenne ihren Namen, ihre Besonderheiten und ihren Lebensraum (Kontinent).

a = **Kiwis** sind flugunfähige, nachtaktive Vögel. Kiwis sind die kleinsten aller Laufvögel und kommen ausschließlich in Neuseeland vor. Sie sind 35-65 cm lang, bis 35 cm groß und 1-5 kg schwer. Kiwis bauen keine Nester, sondern stattdessen Höhlen, wie man das von Säugetieren kennt.

b = **Andenkondore** sind große südamerikanische Vögel und auf Grund ihrer herausragenden Größe unverwechselbar. Sie haben eine Körperlänge von 100-130 cm, eine Flügelspannbreite von bis zu 320 cm und ein Gewicht von 11-15 kg. Ihre brettartigen Flügel werden im Gleitflug annähernd waagerecht gehalten. Der Andenkondor ist in der Andenregion von Venezuela bis Feuerland verbreitet.

c = Der **Marabu** ist einer der größten flugfähigen Vögel der Welt. Er ist ein „afrikanischer Storch", hat einen rosafarbenen Kehlsack, welcher bis zu 35 cm lang werden kann. Sein Gefieder ist schiefergrau mit grünem Glanz, ein weißes Federband zieht sich um den Kopf. Der Marabu erreicht eine Gesamtlänge von 140-150 cm, eine Flügelspannweite von bis zu 3 m und ein Gewicht von 5-7,5 kg. Ihre große Flügelspannweite ermöglicht ihnen hervorragende Segelflugleistungen.

Aufgabe 4: Individuelle Lösungen und Meinungen

Station
Merkmale und Beispiele

Aufgabe 1: *Nenne die 5 Wirbeltierklassen und nenne je zwei Beispiele.*

Wirbeltierklasse	1. Beispiel	2. Beispiel

Aufgabe 2: *Welche einheimischen Tiere sind im Infotext (S. 19) abgebildet? Nenne den Namen und die Wirbeltierklasse.*

Aufgabe 3: *Was versteht man unter gleichwarmen und wechselwarmen Wirbeltieren? Ordne die 5 Wirbeltierklassen den beiden Gruppen zu.*

Aufgabe 4: *Nenne die Namen der Tiere und ergänze die folgende Tabelle mit den richtigen Antworten.*

a

b

c

	a	b	c
Name			
Lebensraum			
Gliedmaßen			
Atmung			
Körperbedeckung			
Körpertemperatur			
Fortpflanzung			

KOHL VERLAG Stationenlernen WIRBELTIERE Sekundarstufe – Bestell-Nr. 12 931

Merkmale und Beispiele

– Lösung –

Aufgabe 1: Nenne die 5 Wirbeltierklassen und nenne je zwei Beispiele.

Wirbeltierklasse	1. Beispiel	2. Beispiel
Säugetiere	individuelle	Lösungen
Vögel	individuelle	Lösungen
Fische	individuelle	Lösungen
Amphibien	individuelle	Lösungen
Reptilien	individuelle	Lösungen

Aufgabe 2: a = Luchs – Säugetier / b = Kleiber – Vogel / c = Stichling – Fisch / d = Erdkröte – Amphibien / e = Zauneidechse – Reptilien

Aufgabe 3: Gleichwarme Tiere haben immer die gleiche Körpertemperatur (außer sie sind krank).

- Säugetiere und Vögel

Wechselwarme Tiere haben eine wechselnde Körpertemperatur – je nach Umgebungstemperatur.

- Fische, Amphibien und Reptilien

Aufgabe 4:

a

b

c

	a	b	c
Name	Dachs	Schwanzmeise	Grasfrosch
Lebensraum	Land	Luft/Land	Land/Wasser
Gliedmaßen	4 Beine	2 Flügel und 2 Beine	4 Beine, vorn 4 Finger, hinten 5 Zehen
Atmung	Lunge	Lunge	Kiemen bei Larve, Lunge beim erwachsenen Tier
Körperbedeckung	Haare	Federn	schleimig, feucht mit Drüsen
Körpertemperatur	gleichwarm	gleichwarm	wechselwarm
Fortpflanzung	lebend gebärend	Eier	Eier – bzw. Laich

Station

Besonderheiten und Unterschiede I

Wirbeltierklassen

Aufgabe 1: *Ordne die Texte den Wirbeltierklassen zu, indem du jedes Bild mit 2 Texten verbindest. In der richtigen Reihenfolge ergeben die Buchstaben das Lösungswort: _ _ _ _ _ _ _ _ _ _ _ _ _ _ .*

1

I – Frösche, Molche und Salamander sind die bekanntesten dieser Klasse.

G – Sie sind die älteste und artenreichste Wirbeltierklasse.

2

D – Sie werden auch als Kriechtiere bezeichnet.

E – Sie haben einen spindelförmigen Körper.

3

L – Heute leben mehr als 20.000 verschiedene Arten in Bächen, Flüssen und Meeren.

A – Sie leben auf dem Land, im Wasser und vereinzelt auch in der Luft.

4

N – Man unterscheidet u. a. Sing-, Hühner-, Greif-, Enten-, Sperlings- und Eulenvögel.

E – In der deutschen Sprache nennt man sie auch Lurche.

5

M – Dazu gehören Echsen, Schlangen, Schildkröten und Krokodile.

ß – Sie bringen lebende Junge zur Welt, die vom Muttertier gesäugt werden.

KOHL VERLAG Stationenlernen WIRBELTIERE Sekundarstufe – Bestell-Nr. 12 931

Station

Besonderheiten und Unterschiede I

– Lösung –

Aufgabe 1: Lösungswort: G L I E D M A ß E N

1

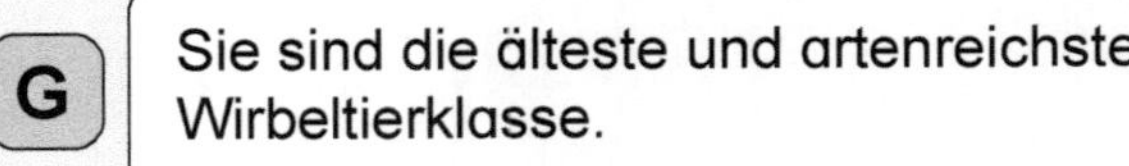

2

3

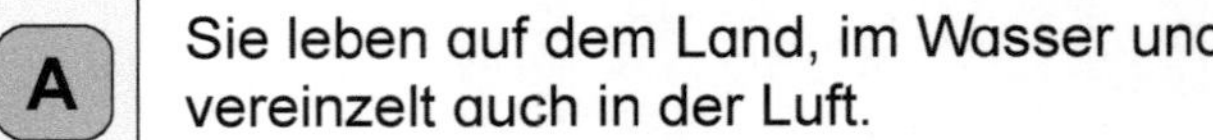

4

5

- **I** Frösche, Molche und Salamander sind die bekanntesten dieser Klasse.
- **G** Sie sind die älteste und artenreichste Wirbeltierklasse.
- **D** Sie werden auch als Kriechtiere bezeichnet.
- **E** Sie haben einen spindelförmigen Körper.
- **L** Heute leben mehr als 20.000 verschiedene Arten in Bächen, Flüssen und Meeren.
- **A** Sie leben auf dem Land, im Wasser und vereinzelt auch in der Luft.
- **N** Man unterscheidet u. a. Sing-, Hühner-, Greif-, Enten-, Sperlings- und Eulenvögel.
- **E** In der deutschen Sprache nennt man sie auch Lurche.
- **M** Dazu gehören Echsen, Schlangen, Schildkröten und Krokodile.
- **ß** Sie bringen lebende Junge zur Welt, die vom Muttertier gesäugt werden.

Station

Wirbeltierklassen

Besonderheiten und Unterschiede II

Aufgabe 1: *Nenne die Namen der einheimischen Wirbeltiere aus Aufgabe 1.*

1 = ______________ / 2 = ______________ /

3 = ______________ / 4 = ______________ /

5 = ______________

Aufgabe 2: *Ergänze die Tabelle mit den richtigen Angaben.*

	Säugetiere	Vögel	Fische	Amphibien	Reptilien
Lebensraum		Luft/Land/ Wasser		Land/ Wasser	Land
Gliedmaßen	2 Arme und 2 Beine oder 4 Beine		Flossen		4 Beine mit je 5 Zehen
Atmung	Lunge	Lunge	Kiemen		
Körper-bedeckung	Haare	Federn		schleimig, feucht mit Drüsen	
Fortpflan-zung		Eier	Eier – wenige lebend gebärend		Eier – wenige lebend gebärend

Aufgabe 3: *Zu welchem Wirbeltier gehört dieses Skelett? Beschrifte die Teile des Skeletts.*

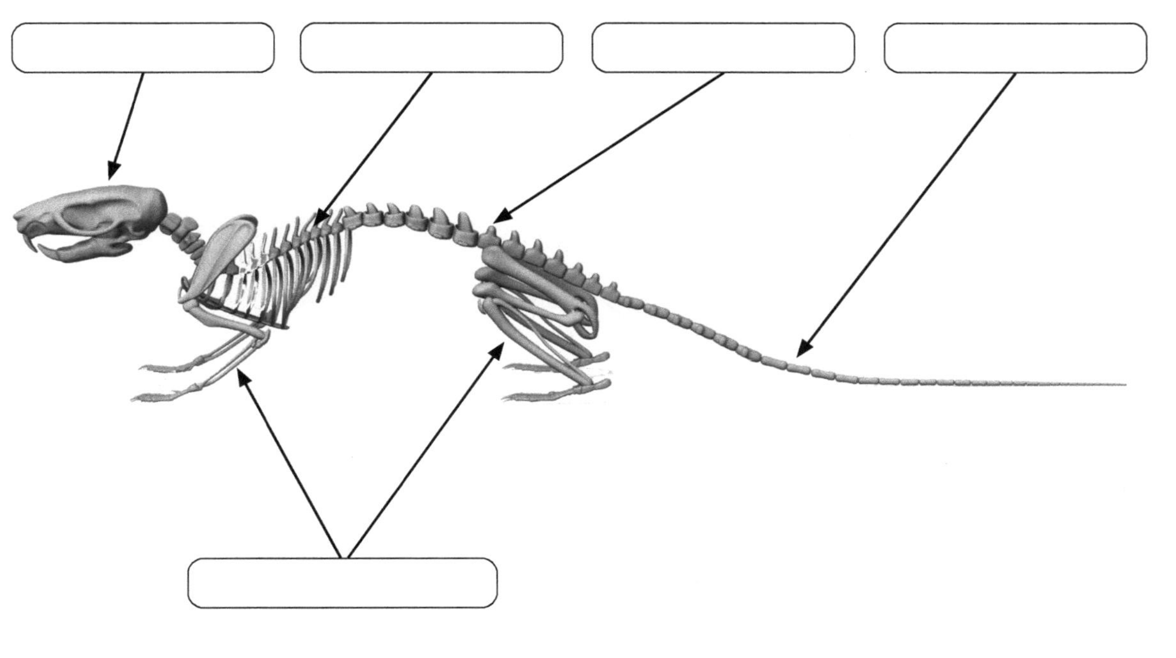

Stationenlernen WIRBELTIERE Sekundarstufe – Bestell-Nr. 12 931
KOHL VERLAG

Station
Besonderheiten und Unterschiede II

– Lösung –

Aufgabe 1: Nenne die Namen der einheimischen Wirbeltiere aus Aufgabe 1.

1 = Regenbogenforelle / 2 = Laubfrosch / 3 = Kreuzotter /
4 = Wildschwein / 5 = Dompfaff

Aufgabe 2: Ergänze die Tabelle mit den richtigen Angaben.

	Säugetiere	Vögel	Fische	Amphibien	Reptilien
Lebensraum	Land/ Wasser/ Luft	Luft/Land/ Wasser	Wasser	Land/ Wasser	Land
Gliedmaßen	2 Arme und 2 Beine oder 4 Beine	2 Flügel und 2 Beine	Flossen	4 Beine, vorn 4 Finger, hinten 5 Zehen	4 Beine mit je 5 Zehen
Atmung	Lunge	Lunge	Kiemen	Kiemen bei Larven, Lunge beim erwachsenen Tier	Lunge
Körperbedeckung	Haare	Federn	Schuppen, schleimig	schleimig, feucht mit Drüsen	Hornschuppen, trocken
Fortpflanzung	lebend gebärend	Eier	Eier – wenige lebend gebärend	Eier bzw. Laich	Eier – wenige lebend gebärend

Aufgabe 3: Zu welchem Wirbeltier gehört dieses Skelett? Beschrifte die Teile des Skeletts.

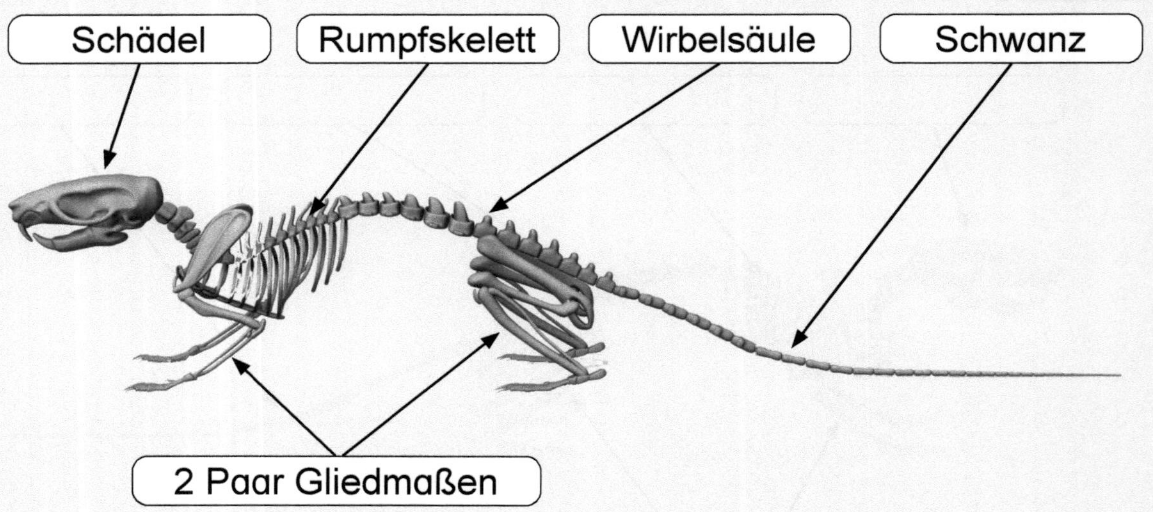

Es ist das Skelett einer Maus.
Die Klassen Fische und Vögel scheidet sofort aus. Wegen der langen vorderen und hinteren Gliedmaßen kann es kein Amphibium und kein Reptil sein. Es bleibt also nur die Klasse Säugetiere übrig. Der niedrige Körperbau deutet dann auf eine Maus oder ähnliches hin.

Station

Namen und Merkmale

Aufgabe 1: *Erläutere den Begriff „Säugetiere".*

Aufgabe 2: *Säugetiere zählt man zu den Landwirbeltieren. Begründe diese Aussage.*

Aufgabe 3: *Nenne 5 wichtige Merkmale von Säugetieren.*

Aufgabe 4: **a)** *Welche Säugetiere sind hier abgebildet?*

b) *Kennzeichne mit einem Pfeil bei 1 das Rumpfskelett, bei 2 den Schädel und bei 3 die Wirbelsäule.*

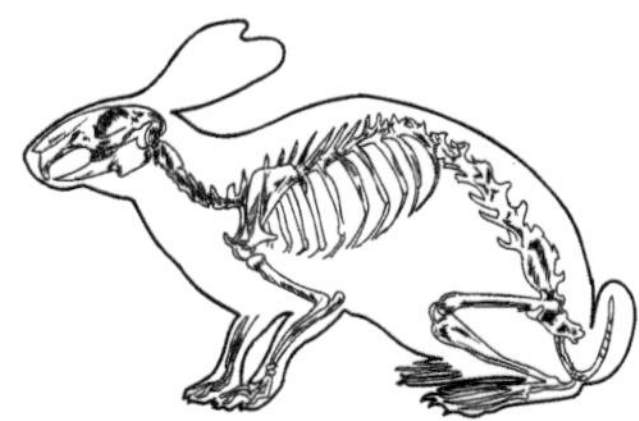

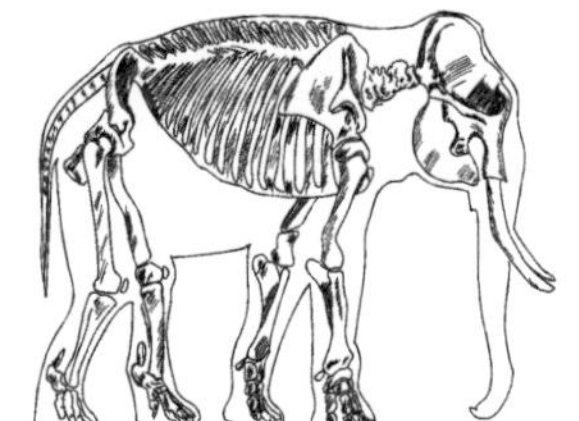

KOHL VERLAG Stationenlernen WIRBELTIERE Sekundarstufe – Bestell-Nr. 12 931

Namen und Merkmale

– Lösung –

Aufgabe 1: Den Begriff „Säugetiere“ kann man von „säugen“ und „Tier“ ableiten. Ein kennzeichnendes Merkmal ist das Säugen des Nachwuchses mit Milch, die in den Milchdrüsen des Muttertieres erzeugt wird. Daher bezeichnet man in der Wissenschaft die Säugetierklasse auch als Mammalia.

Aufgabe 2: Als Landwirbeltiere (Tetrapoda) bezeichnet man die Wirbeltiere, die über 4 Füße verfügen. Dazu gehören neben den Säugetieren die Amphibien, die Reptilien und die Vögel. Zu beachten ist aber, dass sich bei den Vögeln die vorderen Beine zu Flügeln und beim Menschen zu Armen mit Händen weiterentwickelt haben.

Aufgabe 3:

- Säugetiere haben ein Fell aus Haaren. Dabei kann die Haut mit bis zu 400 Haaren pro cm² besetzt sein. Ist die Behaarung noch stärker, spricht man von einem Pelz.
- Säugetiere haben eine gleichbleibende Körpertemperatur von ca. 37 °C – im Sommer wie im Winter.
- Säugetiere gebären lebendige Junge und säugen ihre Jungen nach der Geburt.
- Säugetiere sind Lungenatmer, d. h. sie haben 2 Lungenflügel.
- Fast alle Säugetiere sind Vierbeiner.

Aufgabe 4: **a)** Hase, Fledermaus, Elefant

b)

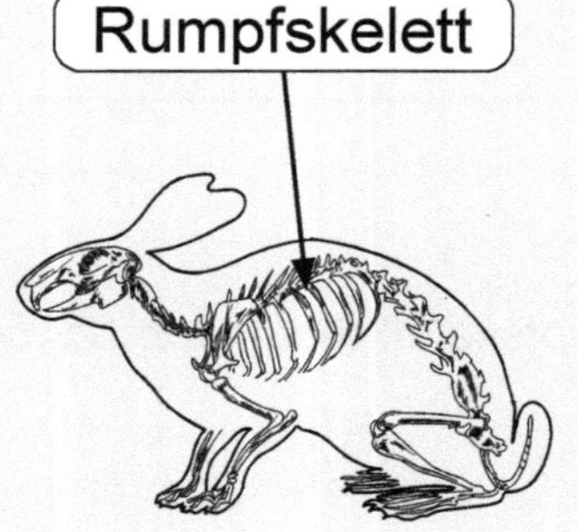

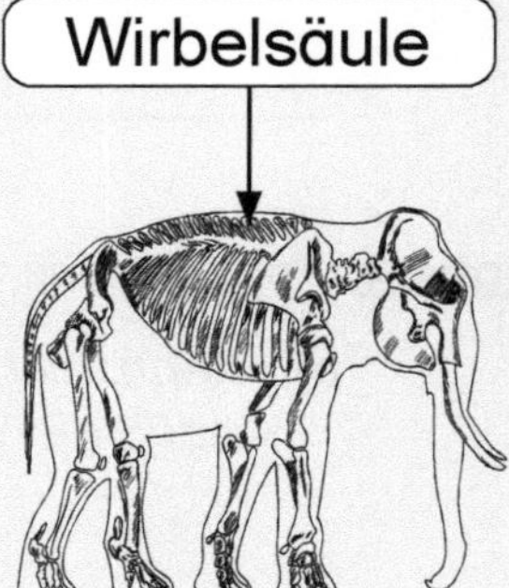

Station

Besonderheiten und Klassifizierung

Säugetiere sind Landwirbeltiere

Aufgabe 1: *Nenne den Namen des Säugetiers und seine Unterklasse.*

Aufgabe 2: *Beschreibe die Besonderheiten des Säugetiers ganz links genauer (Nachkommen, Aussehen, Kontinent, Lebensraum, Nahrung, Größe und Gewicht).*

Aufgabe 3: *Nenne den Namen des Säugetiers und seine Ordnung.*

Aufgabe 4: *Auf welchen Kontinenten leben diese Säugetiere? Nenne den Tiernamen, den Kontinent, auf dem es lebt, und möglichst die Ordnung (sonst die Unterklasse).*

KOHL VERLAG Stationenlernen WIRBELTIERE Sekundarstufe – Bestell-Nr. 12 931

– Lösung –

Aufgabe 1: Nenne den Namen des Säugetiers und seine Unterklasse.

Schnabeltier
Ursäuger

Känguru
Beuteltiere

Orca
Plazentatiere

Fledermaus
Plazentatiere

Aufgabe 2: Das Schnabeltier ist ein eierlegendes Säugetier. Es hat einen Entenschnabel, einen Biberschwanz und Paddelfüße. Schnabeltiere gibt es im Osten Australiens und in Tasmanien bevorzugt in Flüssen und Seen und an Ufern. Schnabeltiere sind Fleischfresser. Sie lieben Krabben, Schnecken, Krebse, kleine Fische, Würmer und Insektenlarven. Die Tiere werden bis zu 60 cm groß und 2,4 kg schwer.

Aufgabe 3: Nenne den Namen des Säugetiers und seine Ordnung.

Zebra
Unpaarhufer

Ameisenbär
Zahnarme

Feldhamster
Nagetiere

Gorilla
Primaten

Aufgabe 4: Auf welchen Kontinenten leben diese Säugetiere? Nenne den Tiernamen, den Kontinent, auf dem es lebt, und möglichst die Ordnung (sonst die Unterklasse).

Alpaca
Südamerika
Paarhufer

Bison
Nordamerika
Paarhufer

Orang Utan
Asien
Primaten

Wombat
Australien
Beuteltiere

Station
Merkmale und Skelett

Vögel sind fliegende Wirbeltiere

Aufgabe 1: *Ergänze die folgende Übersicht mit den richtigen Begriffen.*

	Lebensraum	**Gliedmaßen**	**Atmung**	**Körper-**	**Fortpflan-zung**
Säugetiere	Luft, Land, Wasser				
Vögel					

Aufgabe 2: *Beschrifte das Skelett mit den richtigen Begriffen.*

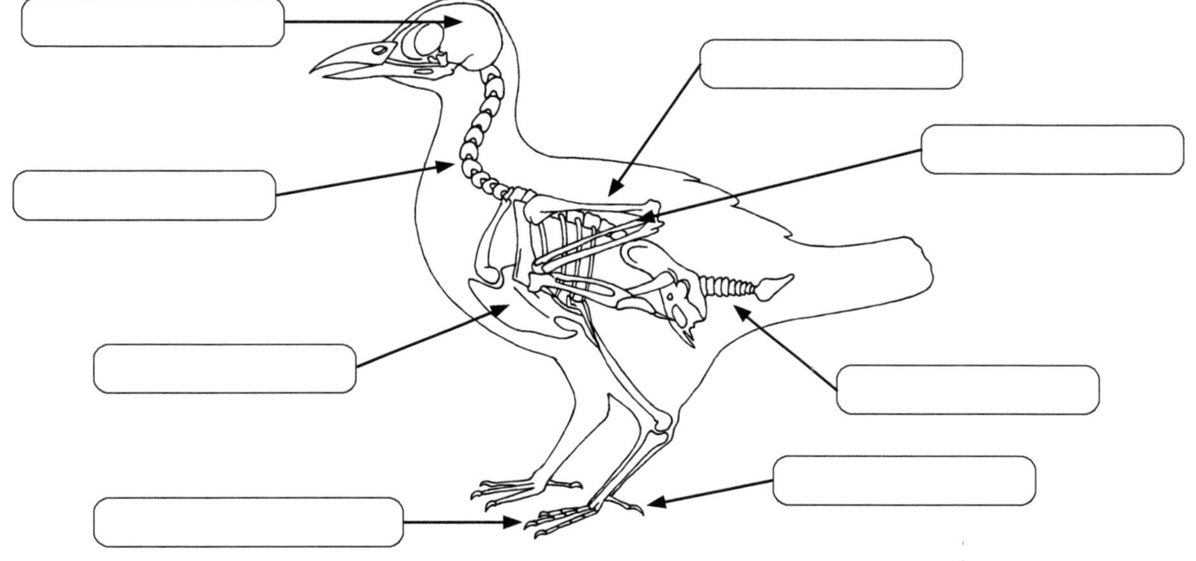

Aufgabe 3: *Nenne 4 wichtige Merkmale/Besonderheiten der Vögel.*

Aufgabe 4: *Wann beginnt die Brutzeit der Blaumeise und wie lange dauert es in etwa, bis alle Jungvögel geschlüpft sind.*

Stationenlernen WIRBELTIERE Sekundarstufe – Bestell-Nr. 12 931

Station

Merkmale und Skelett

Vögel sind fliegende Wirbeltiere

– Lösung –

Aufgabe 1: Ergänze die folgende Übersicht mit den richtigen Begriffen.

	Lebens-raum	Gliedma-ßen	Atmung	Körper-	Fortpflan-zung
Säugetiere	Luft, Land, Wasser	2 Arme + 2 Beine oder 4 Beine	Lunge	Haare	lebend gebärend
Vögel	Luft, Land, Wasser	2 Flügel + 2 Beine	Lunge	Federn	Eier

Aufgabe 2: Beschrifte das Skelett mit den richtigen Begriffen.

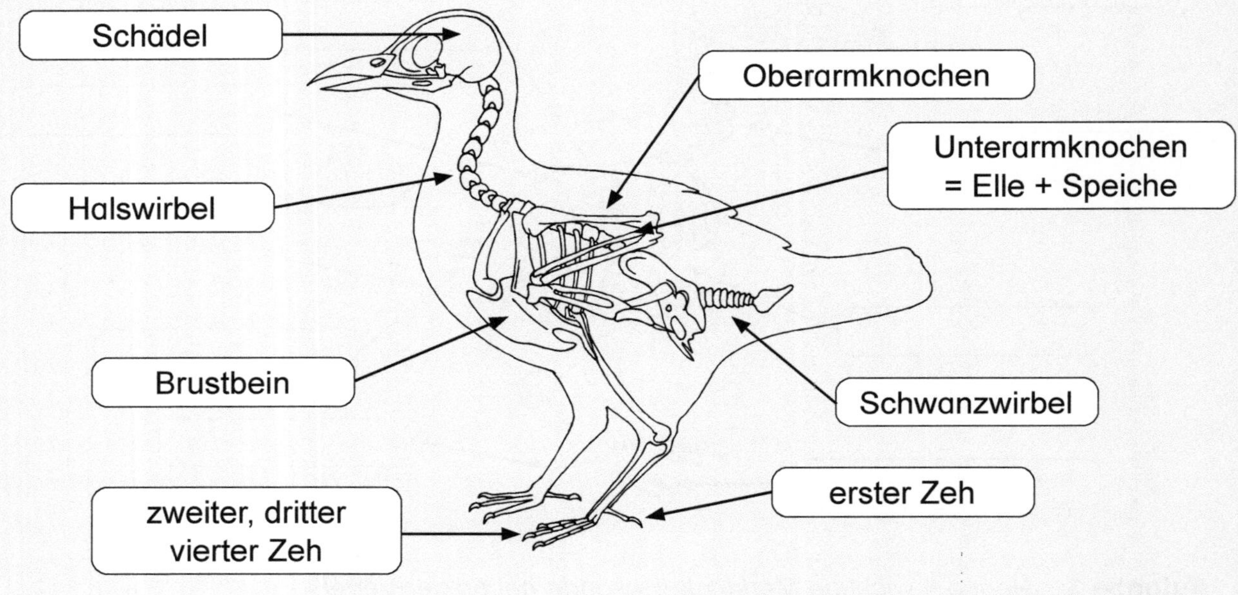

Aufgabe 3:

- Vögel haben einen Schnabel ohne Zähne. Sie können also ihre Nahrung nicht zerkauen.
- Vögel haben ein Flügelpaar, das ihnen das Fliegen ermöglicht. Die vorderen Gliedmaßen der Vögel sind zu Flügeln umgebildet.
- Vögel bauen Nester und legen Eier, die so lange bebrütet werden, bis die Jungen schlüpfen.
- Vögel sind gleichwarme Tiere, d. h. sie haben immer eine gleichbleibende Körpertemperatur von etwa 42 °C, egal wie warm oder kalt es ist.

Aufgabe 4: Die Brutzeit beginnt erst dann, wenn das letzte Ei gelegt worden ist. Die Brutzeit dauert ca. 12-17 Tage. Da nicht alle Jungvögel gleichzeitig schlüpfen, dauert es dann noch 2-3 Tage, bis alle geschlüpft sind.

Vögel sind fliegende Wirbeltiere

Station

Vogelarten und ihre Besonderheiten

Aufgabe 1: *Erkläre den Unterschied zwischen Stand- und Zugvögeln und nenne dazu Beispiele.*

Aufgabe 2: *Wie heißen die einheimischen Vögel auf den Abbildungen a-c? Nenne ihre Besonderheiten in Bezug auf Nahrung, Verhalten und Lebensweise.*

a

b

c

Aufgabe 3: *Erläutere die Begriffe Deck-, Schwung-, Schwanzfedern und Daunen.*

Aufgabe 4: *Welche Punkte muss man beim Beobachten bzw. Bestimmen von Vögeln unbedingt beachten?*

KOHL VERLAG Stationenlernen WIRBELTIERE Sekundarstufe - Bestell-Nr. 12 931

Station
Vogelarten und ihre Besonderheiten

– Lösung –

Aufgabe 1: **Zugvögel**: Manche Vögel verlassen im Herbst ihre eigentlichen Lebensräume/ihre Brutgebiete und ziehen/fliegen in wärmere Länder, weil sie dort ausreichend Nahrung finden, die ja bei uns im Winter nicht mehr vorhanden ist.

Beispiele: Kranich, Rauchschwalbe, Bachstelze, Weißstorch.

Standvögel: Standvögel sind Vögel, die sich sich an die Bedingungen angepasst haben und das ganze Jahr an ihrem Standort (in einem Gebiet) bleiben. Man spricht deshalb auch oft von Jahresvögeln.

Beispiele: Kohl- und Blaumeise, Kleiber, Eichelhäher, Stieglitz, Grünfink, Haussperling, Amsel, Specht und Taube.

Aufgabe 2: **a = Stieglitz**: Seine bevorzugte Nahrung sind verschiedene Distelsamen, deshalb nennt man ihn auch umgangssprachlich „Distelfink". Auch Samen von Gräsern, Kräutern und Bäumen zählen zu seinen Nahrungsquellen.

b = Kleiber: Seinen Namen verdankt der Kleiber seiner Fähigkeit, den Eingang seiner Bruthöhlen mit Lehmkügelchen geschickt zu verkleben, damit andere Vögel nicht hindurchpassen. Der Kleiber kann kopfüber den Baumstamm hinunter laufen. Da nur sehr wenige Vögel das können, kann man ihn gut daran erkennen.

c = Schwanzmeise: Die Schwanzmeise ist klein und fast kugelrund. Ihr extrem langer Schwanz ist ein unverkennbares Erkennungszeichen. Sie nutzt ihn, um damit sogar kopfüber an Ästen entlang zu balancieren. Schwanzmeisen treten nicht einzeln auf , sondernleben in kleinen Trupps von bis zu 30 Vögeln.

Aufgabe 3: Die lockeren weichen Federn – die Daunen – sitzen direkt auf der Haut und umgeben den gesamten Körper. Die Daunen schützen den Körper vor Kälte. Über den Daunen liegen die Deckfedern. Die Deckfedern liegen dicht aneinander und bedecken den ganzen Vogelkörper. Beim Putzen werden die Federn durch den Schnabel gezogen und mit Fett aus der Bürzeldrüse wasserabweisend gemacht. Am Flügel sitzen viele längere Schwungfedern, die das Fliegen ermöglichen. Die Schwanzfedern dienen dem Vogel als Steuer und beim Landen als Bremse. Schwung- und Schwanzfedern sind die längsten Vogelfedern.

Aufgabe 4:

Größe des Vogels	Beine
Gestalt	Verhalten auf dem Boden
Gefieder	Flugverhalten
Schnabelform	„Gesang"
Flügel	Standort (wo sich die Vögel aufhalten)
Schwanz	Umfeld (Gelände, Garten, Park, Wald, Bäume)

Tipp: Nach Möglichkeit Fotos der beobachteten Vögel machen.

Station

Merkmale und Besonderheiten

Amphibien sind kriechende oder hüpfende Wirbeltiere

Aufgabe 1: *Woher kommt das Wort „Amphibie“ und welche Bedeutung hat es?*

Aufgabe 2: *Erkläre den Unterschied zwischen Froschlurchen und Schwanzlurchen und nenne dazu je 2 Beispiele.*

Aufgabe 3: **a)** *Was versteht man unter dem Begriff der Metamorphose?*

b) *Beschrifte die Abbildung mit den entsprechenden Begriffen.*

__________ __________ __________ __________

Aufgabe 4: *Erläutere die Fortbewegung bei Froschlurchen und bei Schwanzlurchen.*

Aufgabe 5: **a)** *Welche Amphibien sind hier in Abb. (1) und (2) abgebildet und in welchem Stadium befinden sie sich?*

b) *Zu welchem Lurch gehört dieser Laich in Abb. (3)?*

1

2

3

Aufgabe 6: *Der Feuersalamander schützt sich durch das Sekret „Salamandrin“. Informiere dich darüber und erläutere dies kurz.*

KOHL VERLAG Stationenlernen WIRBELTIERE Sekundarstufe – Bestell-Nr. 12 931

Station

Merkmale und Besonderheiten

– Lösung –

Aufgabe 1: Das Wort „Amphibie“ stammt vom griechischen „amphibios“, das man mit „doppellebig“ übersetzen kann, da sich ihr Leben im Wasser und auf dem Land abspielt.

Aufgabe 2: Zu den Froschlurchen zählen alle Frosch- und Krötenarten. Die Jungtiere (Kaulquappen) besitzen alle einen Schwanz, der sich während der Metamorphose zurückbildet.

Beispiele: Laubfrosch und Erdkröte

Schwanzlurche sind den meisten unter den Namen „Molche“ oder „Salamander“ bekannt. Diese Tiere haben einen länglichen Körperbau und einen Schwanz, den sie ihr gesamtes Leben lang behalten.

Beispiele: Feuersalamander und Kammmolch

Aufgabe 3: **a)** Die Entwicklung von der Larve zum erwachsenen Tier nennt man Metamorphose. Dabei finden teilweise starke Veränderungen in der Lebensweise und Physiologie des Tieres statt. Im Laufe ihrer Entwicklung bilden sich eine Lunge sowie Gliedmaßen, während sich die Kiemen und (bei den Froschlurchen) der Schwanz zurückbilden.

b)

Aufgabe 4: Frösche bewegen sich auf dem Land mithilfe der hinteren Sprungbeine springend fort. Die Zehen sind durch Schwimmhäute verbunden. Im Wasser sind sie geschickte Schwimmer, indem sie mit den Hinterbeinen kräftige Stöße ausführen. Molche schreiten auf dem Land mit ihren etwa gleich großen Vorder- und Hinterbeinen voran. Im Wasser bewegen sie sich mithilfe des Ruderschwanzes schlängelnd vorwärts.

Aufgabe 5: (1) = Grasfrosch in der Metamorphose – Jungfrosch – geht an Land – Lungenatmer
(2) = Feuersalamander als Larve unter Wasser – atmet durch die Kiemen
(3) = Der Laich gehört zur Erdkröte – Krötenlaich an Schnüren

Aufgabe 6: Salamandrin ist ein Krampfgift, das auf das zentrale Nervensystem wirkt. Kommen Angreifer mit dem giftigen Sekret in Kontakt, führt es bei erster Berührung zunächst zu starken Haut- und Schleimhautreizungen. Die meisten Fressfeinde werden dadurch bereits abgeschreckt. Problematisch wird es, wenn ein Tier einen Salamander ins Maul nimmt oder frisst, denn so gelangt das Salamandrin direkt in seinen Körper und entfaltet dort die giftige Wirkung. Der Blutdruck erhöht sich und die Atmung wird gelähmt.

Station
Ordnungen und Besonderheiten

Aufgabe 1: *Wie heißen die 5 Ordnungen der Reptilien? Mach nähere Angaben zu ihrem Artenreichtum.*

____

____

____

____

Aufgabe 2: *Zu welchen Ordnungen gehören die folgenden Reptilien?*

Kreuzotter = ____________ / Chamäleon = ____________

Ringelnatter = ____________ / Nilkrokodil = ____________

Blindschleiche = ____________ / Komodowaran = ____________

Aufgabe 3: *Ordne die folgenden Abbildungen der jeweiligen Ordnung zu. Kannst du Besonderheiten dieser Reptilien nennen?*

a

b

c

____

____

____

____

____

Aufgabe 4: *Erläutere die Besonderheiten der Fortpflanzung und Vermehrung von Reptilien.*

____

____

____

____

KOHL VERLAG Stationenlernen WIRBELTIERE Sekundarstufe – Bestell-Nr. 12 931

Station
Ordnungen und Besonderheiten

– Lösung –

Aufgabe 1: Zu der Klasse Reptilien gehören 5 Ordnungen:

Schildkröten (Testudines)	Brückenechsen (Rhynchocephalia)	Krokodile (Crocodylia)	Echsen (Sauria)	Schlangen (Serpentes)

Die artenreichste Ordnung stellen die Echsen dar, welcher mehr als 4800 Arten angehören. Echsen und Schlangen (zusammen ca. 3000 Arten) umfassen allein 96 % aller Reptilienarten. Ca. 280 Arten gehören zur Ordnung der Schildkröten, 2 Arten zu den Brückenechsen sowie ca. 23 Arten zur Ordnung der Krokodile.

Aufgabe 2: *Zu welchen Ordnungen gehören die folgenden Reptilien?*

Kreuzotter	= Schlangen	Chamäleon	= Echsen
Ringelnatter	= Schlangen	Nilkrokodil	= Krokodile
Blindschleiche	= Echsen	Komodowaran	= Echsen

Aufgabe 3:

a

b

c

a = Blindschleiche (züngelt) – Echsen
Sie ist eines der in Mitteleuropa am häufigsten vorkommenden Reptilien. Mit ihrem beinlosen, langgestreckten Körper kann man sie leicht für eine Schlange halten. Im Gegensatz zu den Schlangen bricht ihr Schwanz leicht ab. Außerdem besitzt sie bewegliche Augenlider und äußere Gehöröffnungen.

b = Ringelnatter mit typischer Kopfzeichnung – Schlangen
Sie ist unsere häufigste einheimische Schlange. Das Reptil mit den 2 typischen halbmondartigen, hellen Flecken hinter dem Kopf ist für uns Menschen völlig ungefährlich.

c = Chamäleon – Echsen
Das „Gewöhnliche Chamäleon“ (= „Europäische Chamäleon“) lebt in Nordafrika entlang der Mittelmeerküste, in Israel, Jordanien, Syrien, im Libanon und in der südlichen und westlichen Türkei.

Aufgabe 4:
- Krokodile, Brückenechsen und Schildkröten sind allesamt eierlegend.
- Lederschildkröten etwa begeben sich zur Eiablage an den Strand zurück, an dem sie selbst geschlüpft sind und vergraben ihre Eier im Sand, wo die Sonnenwärme sie ausbrütet.
- Krokodile nutzen dagegen die Wärme, die entsteht, wenn Nistmaterial verrottet.
- Bei Echsen und Schlangen gibt es auch ovovivipare (eierlebendgebärende) Arten.
- Manche Reptilien (z. B. Anakonda) brüten ihre Junge im Bauch der Mutter aus; die Jungen kommen dann lebend zur Welt.

Station

Merkmale, Besonderheiten und Gefährdung

Reptilien – Wirbeltiere mit einer trockenen und verhornten Haut

Aufgabe 1: *Warum züngeln Schlangen?*

Aufgabe 2: *Beschreibe die Fortbewegung von Reptilien.*

Aufgabe 3: *Wie heißt diese urzeitliche Echse? Beschreibe ihre Größe, Körperform und Besonderheiten.*

Aufgabe 4: *Die einheimischen Reptilien sind stark gefährdet. Kannst du dies etwas näher erklären?*

KOHL VERLAG Stationenlernen WIRBELTIERE Sekundarstufe – Bestell-Nr. 12 931

Station

Merkmale, Besonderheiten und Gefährdung

– Lösung –

Aufgabe 1: Durch die herausgestreckte Zunge können sie Geruchsstoffe aus der Luft aufnehmen, die dann mithilfe der Sinneszellen im Jacobson-Organ wahrgenommen werden. Dabei brauchen die Schlangen nicht einmal das Maul öffnen, weil sie die Zunge durch eine Spalte im Oberkiefer führen können.

Aufgabe 2: Die meisten Reptilien haben einen langen Schwanz und bewegen sich auf 4 Beinen im Spreizgang fort. Bei Schlangen sind die Beine evolutionär wieder verschwunden, deshalb können sie nur schlängeln.

Aufgabe 3: Es ist der Komodowaran – der größte lebende Waran. Er kann sogar 3 m lang und bis zu 70 kg schwer werden. Die Echsen haben 4 recht lange Beine mit je 5 Fingern, dabei sind die Hinterbeine länger als die Vorderbeine. Der Kopf ist deutlich sichtbar vom Hals abgesetzt, die Schnauze läuft spitz zu. Das typische Merkmal der Warane ist ihre lange, an der Spitze gespaltene Zunge, die sogar zweimal so lang sein kann wie der ganze Kopf.

Aufgabe 4: Fast 3 Viertel der einheimischen Reptilien stehen auf der Roten Liste der gefährdeten Arten. Es gibt viele Ursachen dafür: eine sehr intensive Landwirtschaft, die starke Vergrößerung von Siedlungs- und Verkehrsflächen; so kommt es zur Verarmung von bestehenden Lebensräumen. Gerade die Reptilien brauchen aber ein kleines, überschaubares, ökologisches Habitat. Geeignet sind also z. B. Krautsäume, Trockenmauern, Hecken, Holzhaufen, sonnige Böschungen, aber auch magere Weiden und intakte Flussauen.

Station
Arten und Körperform

Aufgabe 1: *Wie werden die Fische unterteilt? Beschreibe die Unterschiede und nenne je 2 Beispiele für jede Gruppe.*

____

____

____

Aufgabe 2: *Was versteht man unter Friedfischen und Raubfischen?*

____

____

____

Aufgabe 3: *Beschreibe die Körperform der Fische und nenne die Vorteile bei der Fortbewegung.*

____

____

____

Aufgabe 4: *Setze in die Kästen die richtigen Begriffe ein.*

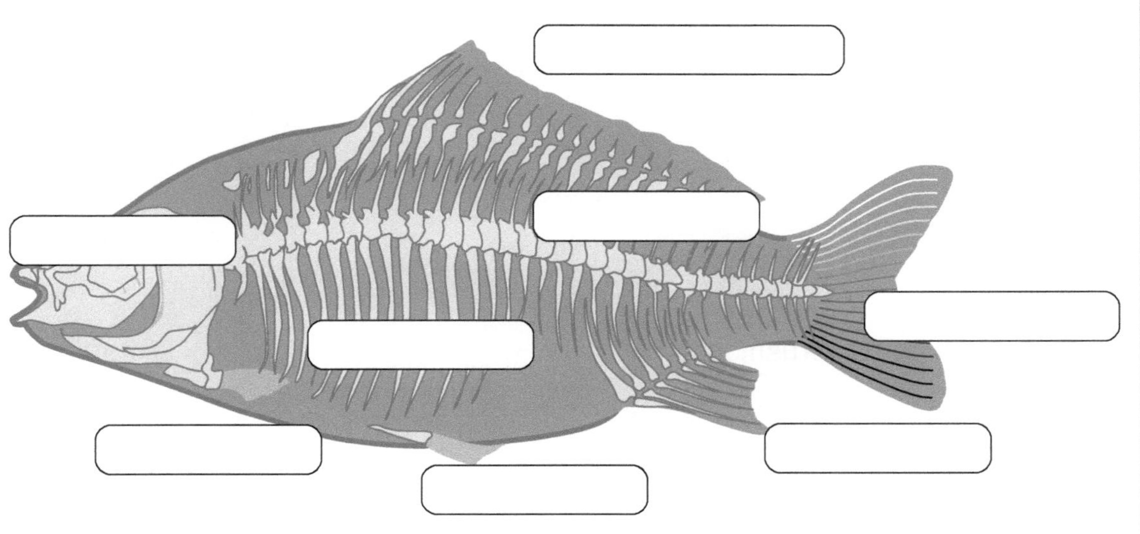

KOHL VERLAG Stationenlernen WIRBELTIERE Sekundarstufe – Bestell-Nr. 12 931

Station
Arten und Körperform

– Lösung –

Aufgabe 1: **Knorpelfische**: Das Skelett der Knorpelfische besteht aus Knorpel, der jedoch durch Einlagerung von prismatischem Kalk hohe Festigkeit erlangen kann.

Beispiele: Hai und Rochen

Knochenfische: Knochenfische bestehen aus einem teilweise oder vollständig verknöchertem Skelett.

Beispiele: Hering, Karpfen, Forelle

Aufgabe 2: Als **Friedfisch** bezeichnet man Fischarten, die keine anderen Fische jagen und sich überwiegend von Insektenlarven sowie Schnecken und Würmern am Grund von Seen oder Flüssen ernähren oder Plankton aus dem Wasser filtern.

Beispiele: Karpfen, Schlei, Hering, Rotfeder.

Als **Raubfische** bezeichnet man Fischarten, die sich von anderen Fischen ernähren.

Beispiele: Hecht, Zander, Flussbarsch, Wels

Aufgabe 3: Fische haben in der Regel einen langgestreckten, seitlich abgeflachten oder runden Körper, der zum Kopf und Schwanz hin zugespitzt ist (= **stromlinienförmig**). Aufgrund der Stromlinienform ihres Körpers haben die Fische nur einen geringen Wasserwiderstand.

Aufgabe 4:

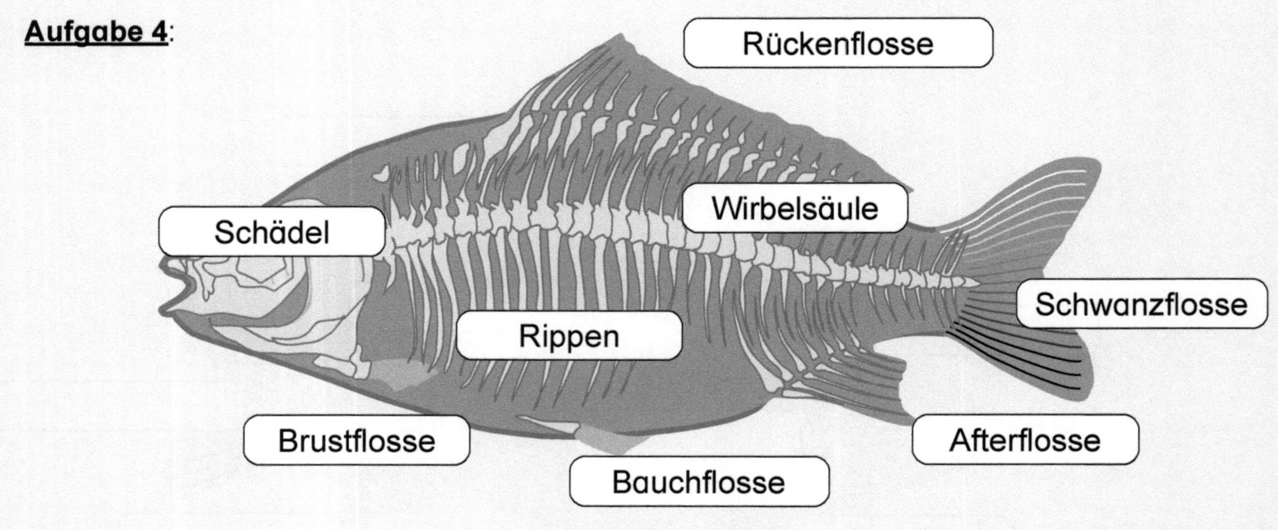

Station

Merkmale, Besonderheiten und Gefährdung

Fische sind schwimmende Wirbeltiere

Aufgabe 1: *Ergänze die folgende Übersicht mit den richtigen Begriffen.*

	Lebens-raum	**Körper-tem-peratur**	**Atmung**	**Körper-bedeckung**	**Befruch-tung**	**Skelett**
Vögel	Luft, Land, Wasser		Lunge			
Fische				Schuppen,		

Aufgabe 2: *Die Schwimmblase ist ein ganz besonderes Organ. Erkläre es näher.*

Aufgabe 3: *Erläutere den Aufbau der Fischhaut.*

Aufgabe 4: *Wodurch sind Fische in ihren Beständen gefährdet?*

Aufgabe 5: *Kennst du diese einheimischen Fische?*

a

b

c

KOHL VERLAG Stationenlernen WIRBELTIERE Sekundarstufe – Bestell-Nr. 12 931

Station
Merkmale, Besonderheiten und Gefährdung

– Lösung –

Aufgabe 1:

	Lebens-raum	Körpertem-peratur	Atmung	Körper-bedeckung	Befruch-tung	Skelett
Vögel	Luft, Land, Wasser	gleichwarm, ca. 42 °C	Lunge	Federn, trockene Haut	innere Befruch-tung	Schädel, Wirbelsäule, Schultergürtel, Beckengürtel, Gliedmaßen
Fische	Wasser	wechsel-warm	Kiemen	Schuppen, schleimige Haut	meist äußere Befruch-tung	Schädel, Wirbelsäule, Rippen, Flossen-strahlen

Aufgabe 2: Die Schwimmblase ist aus einer Ausstülpung des Darms entstanden und mit Luft gefüllt. Sie sorgt dafür, dass der Fisch im Wasser schweben kann. Fische, die keine Schwimmblase besitzen – also beispielsweise die Knorpelfische – müssen immer in Bewegung bleiben, damit sie nicht auf den Grund sinken.

Aufgabe 3: Die Fischhaut besteht aus Ober-, Leder- und Unterhaut.

Oberhaut: sondert Schleim ab und sorgt dafür, dass der Fisch leicht durch das Wasser gleiten kann.

Lederhaut: enthält die bekannten Schuppen, die den Fisch vor äußeren Einflüssen schützen.

Unterhaut: enthält Blutgefäße, Nerven und Zellen, die dem Fisch seine Farbe verleihen.

Aufgabe 4: Überfischung, Verunreinigung der Gewässer durch Müll, aber auch der Klimawandel und die damit verbundene Erwärmung der Gewässer tragen dazu bei.

Aufgabe 5: Kennst du diese einheimischen Fische?

a

Elritze

b

Dreistachliger Stichling

c

Bachforelle